别让孩子独自玩耍

蔡晓柔 秦亦可◎著

天津出版传媒集团
天津科学技术出版社

图书在版编目（CIP）数据

别让孩子独自玩耍 / 蔡晓柔，秦亦可著 . —天津：天津科学技术出版社，2020.4（2024.5 重印）
ISBN 978-7-5576-7632-2

Ⅰ.①别… Ⅱ.①蔡… ②秦 Ⅲ.①儿童教育—研究 Ⅳ.① G61

中国版本图书馆 CIP 数据核字（2020）第 053999 号

别让孩子独自玩耍
BIERANG HAIZI DUZI WANSHUA

责任编辑：梁　旭
责任印制：赵宇伦

出　　版：	天津出版传媒集团 天津科学技术出版社
地　　址：	天津市和平区西康路35号
邮　　编：	300051
电　　话：	（022）23332369（编辑室）
网　　址：	www.tjkjcbs.com.cn
发　　行：	新华书店经销
印　　刷：	三河市金兆印刷装订有限公司

开本 710×1000　1/16　印张 12　字数 116 000
2024年5月第1版第2次印刷
定价：49.80元

有
YOU DU
度

有温度，有态度，有深度
Warmth, Attitude, Depth

　　我们看到太多父母,因为工作忙碌而对孩子疏于陪伴,他们一心想为孩子创造更好的物质条件,却在不知不觉中,把孩子推向了孤独的深渊。

　　我们也见过很多父母,把孩子养得过于小心翼翼,丝毫不肯让孩子脱离自己的羽翼。这些孩子从小到大被过度保护,因而从不知主动争取,只知道被动接受,他们不需要付出,也不懂付出。然而这个世界上,在任何一种关系中,没有人会永远付出,也没有人只能接受。所以,他们难免孤独。

　　其实,这些父母不知道,我们的孩子从出生起,就已经有了与人交往的需求。

　　——父母的陪伴对于孩子来说无可替代,孩子能从亲子互动中获得安全感并激发良性情绪,形成信任、期待、关注、感谢等积极情感,学会交往,形成社会适应能力,并发展智力。

　　——与小伙伴一起玩耍对孩子产生的潜在影响远远超出父母的想象。它决定孩子能否善于与人交谈、乐于与人分享,决定孩子是否可以从小就良好地适应社会化的交往。

　　然而,那些被父母"冷落"或是"惯坏"的孩子,他们如果想在小伙伴中间获得尊重和认同,会非常困难。

　　他们可能很善良,但也可能不懂分享;他们格外地敏感,分外地脆弱;他们可能很自恋,也可能很自卑;他们即使多才多艺、才华横溢,却不具备基本的人际辨识和设防能力……总之，他们无法理解人情冷暖，做不到人情练达。

可是终究，人是具有社会属性的动物。我们将孩子养大，给了他独自活下去的基础，这仅仅是完成人类的生物性。如果孩子在社会上找不到立足点，建立不了有效的社交网络，社会性不完整，他就不能称为一个完整的人。

说到底，为人父母，哪有不爱自己孩子的，可究竟什么才是父母最温暖贴切的爱？

说来说去，最好的教养是陪伴，别让你的小孩将孤单当成一种习惯。

说去说来，过度的宠爱是扼杀，别让你的小孩经常独自一个人玩耍。

我非常感恩上天让我成为三个孩子的妈妈，孩子们是生命赐给我的最珍贵礼物！《别让孩子独自玩耍》是我和我的伙伴秦亦可女士有儿多年的教养心得，亦可是一位年轻的80后妈妈，我们因为学习的原因认识而彼此欣赏，我们常常在一起分享孩子们的趣事并讨论如何更好地跟孩子相处，并将我们学习国内外先进教育理念的领悟和实践共同写成此书。在此，我们真心希望与天下的父母共同探讨和学习，让我们的孩子，不仅仅只有一个叫作"孤独"的朋友。

在这里给大家解释一下，我和秦亦可女士在写作过程中，为行文方便，将我们各自孩子的故事，统一以"我与孩子故事"的形式做了阐述，希望不会给大家造成阅读不便和误解。

蔡晓柔

01 为什么他独自玩耍 ········ 001
孩子不合群，一半是性格所致，一半是父母导致

单亲家庭的孩子，往往喜欢"离群索居" /002
有孩子在，就把怒火平息下来 /011
孤僻，有时只是原生家庭的错 /016
社交恐惧症来了！孩子，别害怕 /022

02 太害羞，怎么办？ ········ 027
在生活中循序渐进，培养孩子的社交自信

害羞是种天性，但别让它变成毛病 /028

孩子害羞，不是你骂他的理由　/034

纠正孩子怕生，父母不要急于求成　/040

准备好！迎接人际关系敏感期　/046

03 礼仪是讨喜的前提　/051

好孩子彬彬有礼，走到哪里都是"万人迷"

孩子不爱打招呼，责任不全在孩子　/052

教孩子说"谢谢"，这事一点也不难　/058

孩子有点势利眼，爸爸妈妈得管管　/063

尊重老师，是父母和孩子必须有的品质　/069

04 这样，不可以！　/077

扒一扒孩子的社交病，对症下药解决病情

孩子的自私，常常来自我们的灌输　/078

宝贝，不要轻易怀疑你身边的人　/085

孩子心胸狭窄，这样让他大度起来　/093

孩子打架，我们怎么处理比较好　　/098

05　**教孩子学说话**　　　　　　　　　　103
孩子的有效社交，99% 来自良好的语言沟通

从小，就要教会孩子好好说话　　/104
孩子不敢当众讲话，我们怎么帮助他　　/109
宝贝，你不能对别人说三道四　　/115
你要赞美孩子，并教会他赞美别人　　/119

06　**品质，是一辈子的事**　　　　　　　125
孩子富有修养，社交才有气场

别让咱们的孩子，自大得不像话　　/126
孩子的爱心，从小就让它生根发芽　　/132
孩子的同情心，需要我们轻轻呵护　　/138

07 非常近距离 143
父母合理助力,帮助孩子交朋友、交好朋友

小孩间难免有争端,爸爸妈妈别护短 /144

不要在孩子交友时,简单粗暴直接干涉 /149

让孩子知道,什么才是真正的朋友 /154

给不合群的孩子注入合作能力 /160

08 不做"受气包" 167
教孩子待人和气,但别教孩子接受委屈

教孩子无私的同时,别忘了给他权益意识 /168

告诉孩子给予有度,你可以选择拒绝 /173

孩子应该谦让,但也不能无限退让 /177

01

为什么他独自玩耍

孩子不合群，一半是性格所致，一半是父母导致

单亲家庭的孩子,往往喜欢"离群索居"

前不久,我微信上收到一位大学室友的信息:"忙吗?可以聊聊吗?"

"当然可以。"我回了过去。

她说,她现在活得很焦虑,经常性地失眠、噩梦,从不敢午休,生怕夜里睡不着觉,睁着眼睛看着空荡荡的屋子。那样,她会觉得自己特别孤独,特别虚无。

我问她:"到底为什么感到焦虑?"

她说:"我的内心总是空荡荡的,又特别敏感,严重缺乏安全感。我看不到自己的未来有什么希望,我对爱情既渴望又迷茫,对异性的关怀有心接受却又不由自主地刻意躲避。"

她内心深处的焦虑,也许要从不愉快的童年经历说起。

她很小的时候父母就离婚了,父亲不久又组成了新的家庭,她从小跟着母亲一起生活。母亲总是在她耳边不停地抱怨,生活是多么不公,男人是多么不可靠。

自幼,她的心灵就一直处于不安之中。她这样总结自己的童年:"没有什么值得我去记忆,没有什么值得我去留恋。"这种不安感犹如一颗不定时的炸弹,说不准什么时候就情绪失控,弄得别人非常尴尬又莫名其妙。这些年来,她虽然结识了不少朋友,可能一直走下去的屈指可数。

童年的家庭境况在她心里留下了很大的一块阴影,有朋友说她的性格敏感忧郁,又有强烈的"渴望溺爱"的成分,这也许与小时候缺乏关爱有关。

对于一个孩子来说,父母任何一方的爱都不可缺失,任何人的悉心照顾都比不上父母对自己的爱和陪伴。

健全家庭对孩子的身心发展具有非常好的作用,父母对孩子的差异化教育,是一种天然的和谐,是相互取长补短的巧妙配合。对孩子来说，父母的作用是不完全相同的。母爱是孩子心理发展的基础，缺少母爱的孩子往往在心理上没有稳定感，在情绪和人格上会出现某种程度的障碍，这类孩子多孤僻、冷漠、粗暴等。如果父亲的角色缺失，母爱便会向溺爱型发展，并失去家庭的稳定和减弱家庭的教育职能。很多人的不幸，就在于从小缺乏这种天然和谐的正常教育。

某位艺人在接受采访时，曾公开表示，自己天生就很孤独，哪怕身处热热闹闹的娱乐圈，他也一直待在自己的世界里。他一直坚持"三不"原则：不交际、不应酬、不聚会。而这种孤独状态在结婚以后也一直没改变过。他的妻子也常常吐槽他是一个很孤僻的人。

这位艺人说，童年的经历对他影响太大。

在他还很小的时候，父母就离婚了，而且这个消息最后还是由亲戚告诉他的。从那以后，他一直跟着爷爷生活，很少能够见到父母。后来，他发生了车祸，才又回到母亲身边。不过，自此以后，他变得安静且不合群，不爱交朋友，性格也变得有些孤僻古怪。

家庭的破裂，对孩子来说，简直是"天降横祸"，他们没有必要的心理准备，因而所遭受的打击其实比父母更大，而且相较于大人，孩子更敏感也更脆弱，他们还不具备自我调节的能力，一时间根本无法面对家庭破裂的残酷现实，因而会感到不知所措、郁郁不乐。

另外，孩子也会比较。他们会拿自己的现在与过去相比较，觉得自己现在所受的关注与宠爱大不如前；会拿自己与完整家庭的孩子相比较，感觉自己在别人家孩子面前抬不起头，因而越发自卑和畏缩，自信丧失，不愿努力也无力进取。

破损家庭的孩子，极易因为爱的缺失而产生抑郁，他们不愿与人过多接触，对身边的人也往往怀有戒心。他们神经过敏，总是在怀疑别人是不是在背后议论自己的家庭，认为别人都戴着有色眼镜看自己，因而不愿向别人敞开心扉，变得越来越孤独，越来越自闭。

我想说的是，不管大人之间有怎样的情感纠葛，孩子是无辜的，我们没有理由让他们感到不幸。如果两个人真的无法相处下去，也要妥善地处理好孩子的问题，使孩子不论在灿烂的阳光下，还是在疾风暴雨里，都能健康成长。

事实上，离婚对孩子伤害最大的不是离婚本身，而是离婚后，父母对待孩子的教养态度。

几年前，堂兄因为感情不和离婚了，孩子跟着母亲过。虽然前堂嫂对孩子宠爱有加，可以说生活上、学习上从不缺少什么。但堂侄女佳佳却一直郁郁寡欢，越来越孤僻。据说，她在学校很少与其他小朋友一起玩耍，学习成绩也直线下降，堂兄急在心里，却也无可奈何。

虽然堂兄也非常爱孩子，但是由于以前日积月累的矛盾纠葛，离婚后彼此仍不能释怀，以至于离婚后堂兄一直没有机会见到孩子。那天佳佳生日，堂兄精心准备了礼物去为孩子庆祝，可佳佳却拒绝见堂兄。一个9岁大的孩子为何拒绝见自己的亲生父亲？

从堂兄伤感的叙述中，我多少了解了一些事情的原委。原来，由于前堂嫂对堂兄积怨较深，所以在平时对佳佳的教育中，会有意无意地流露出对堂兄的怨恨。单纯的孩子受了母亲的影响，在她幼小的心灵中竟也埋下了痛恨的种子。她认为是父亲抛弃了她和母亲，是父亲不要她了，不爱她了，以至于当堂兄带着礼物去为她庆祝生日时，她倔强地不肯与父亲相见。

事后，我单独找了个时间请佳佳去吃肯德基，询问她不肯见爸爸的原因。一开始，佳佳对我带着一定的抵触情绪，无论我如何苦口婆心，孩子就是不为所动。后来，当我说道"世上没有一个父亲不爱自己孩子"时，佳佳哭了，她哽咽着向我哭诉，自从父母离婚后，爸爸就从没有去看过她，也从未给她任何关爱和温暖，她恨爸爸，恨他为什么抛弃佳佳。从一个9岁孩子口中说出这样的话，我也有些心酸，或许是母亲对她影响太大了。我只有耐心地跟她解释父母为什么离婚，爸爸为什么没有来看她。虽然我不知道她是否能

01　为什么他独自玩耍

孩子不合群，一半是性格所致，一半是父母导致

够完全听懂，但我发现佳佳对我这个堂姑感情上亲了好多。

借着这股东风，我在征得前堂嫂同意后，常带着川川和佳佳一起出去玩。我和佳佳谈了很多，谈她的父亲，也谈她的母亲，但谈得更多的还是她的学习生活。其实，佳佳原本是一个聪明活泼的女孩，只是由于家庭变故，使她的性格发生了异变，她变得非常孤僻，不愿意和小朋友们交往。自从我常带她去玩之后，佳佳渐渐开朗了，或许她觉得这个姑姑很关心她、重视她，因此也对我越发亲昵和信任，有心里话也愿意对我说。但是，我也发现佳佳的情绪起伏较大，有时候是个开朗活泼的小精灵，有时候又闷声不语、暗自感伤。我觉得，应该和前堂嫂聊一聊。

那天，约前堂嫂一起吃饭，从她的言语中，能明显感觉到对堂兄的怨恨之情，或许这就是佳佳不快乐的根源。我委婉地向她表达了我的看法：大人之间无论有什么仇怨，似乎都不应该影响到孩子的生活和学习。之前不幸的婚姻已经了断，何必纠结于心不能释怀呢？既然彼此选择了分开，就把恩怨一并了断了吧，千万别让这种情绪影响孩子的健康成长。前堂嫂似有所悟，也表示说不应该在孩子面前流露怨言，她以后会尽力给孩子一个健康、温馨的成长环境。

在此后与佳佳的接触中，我发现她越来越开朗了，学习成绩也有了较大幅度的提升。她经常会来我这里玩，对我说她的心里话，我知道，孩子已经逐渐走出了心灵的困惑。某天，我约了堂兄和佳佳一起来家里吃饭，佳佳看到堂兄的时候虽然仍有些别扭，但毕竟

与父亲有了一些交流和接触，我相信他们的父女关系一定会越来越好。

离婚后，无论孩子归属于谁，他的生活环境都会出现一定的变化，若想不造成负面影响，那不现实。但是，我们应该竭尽所能将对孩子的伤害降到最低，这就需要父母及时调整思想认识，及时调整心理情绪，引导孩子对家庭变化有一个正确的认知，而不是刚从一个失败中走出来，又亲手制造第二个失败。

如果离婚是一场情感战争的休止，那么孩子无疑是止战之殇。家碎了，父母单飞了，但爱不能单行。孩子无论跟谁一起生活，在与孩子相处的日子里，都请为孩子撑起一片天，让生活无限接近从前，画圆孩子心中完整的家。

还是通过媒体报道才知道，美丽、开朗、乐观、勇敢、德艺俱佳的某女艺人，竟然也来自单亲家庭。

报道称，她在上小学三年级的时候父母就离婚了，和姐姐一直在母亲的养育下长大。她们有一个非常好的母亲。

她的母亲是位作家，非常有教养，也非常开明。这位母亲酷爱

01 为什么他独自玩耍
孩子不合群，一半是性格所致，一半是父母导致

读书，知道读书的乐趣与好处，于是也为孩子们营造了一个阅读天堂。家里到处都是书，还特意布置了一个读书角，每天下午茶时间，母女三人一起优雅地喝着茶、读着书，幸福而充实。

在孩子的教育问题上，这位母亲一直很开明，不控制，也不霸权。女艺人的姐姐读初中时，数学成绩总是在三四十分上下徘徊，有一次破天荒考了五十分，母亲便夸孩子："你好棒！进步了 10 分！"大女儿听后非常高兴，而母亲也快乐一整天。这位母亲说："我在意的不是那 10 分的分数，而是她的欢欣。"

绝大多数父母，最希望的是孩子出人头地，但这位母亲"只期盼女儿变成一个有趣而开朗的人"。两个女儿也都如她所愿。

这位母亲是个非常坚强的女人，离婚时，她未流露出半点负面情绪——"来不及收拾震撼，首先想到的是两个女儿是否受伤。而家的温暖必须继续，厨房炒菜的声音要依然有力，餐桌前的谈笑声要依然响亮。我努力让家没有改变，只是这个家，从此少了一个人回来吃饭。"

她做到了。

她以教养，给了两个女儿良好的品性。

她以坚定，给了两个女儿自律的习惯。

她告诉两个孩子，每一个女人都得独立而自律。

有这样的母亲，即使父爱有所缺失，孩子又怎么可能不美好？

不管离异与否，所有的父母都应如此，尽自己最大的努力，负

起对孩子的责任,让孩子在爱与教养中健康成长。而离异家庭的父母更要让孩子明白,虽然爸爸妈妈离婚了,但对他的爱从未曾改变,无论爸爸或妈妈是否和他生活在一起,都不意味着不爱他、不要他。

但愿所有单亲家庭的父母,都能用心帮助孩子修复内心的伤痕,送给他们一个不孤单、很幸福的未来。

有孩子在，就把怒火平息下来

一个家庭里，如果父母经常吵架，那么孩子的心理问题往往比离异家庭中的孩子还要多。

让孩子生活得有安全感，是为人父母最起码的责任。大人不要认为感情只是两个人的事，便毫不顾忌地相互攻击、谩骂，这对孩子心理造成的负面影响将终生难以弥补。

我有一对朋友，夫妻二人脾气不和，三观不统一，于是家庭中战火不熄，经常在饭桌上当着孩子的面吵得面红耳赤，吓得孩子吃不下饭。有时候，孩子睡到半夜就听到隔壁妈妈在骂爸爸："我瞎了眼，当初怎么就看上你，要不是为了孩子，早就跟你离婚了！"随即就是砸东西的声音。每当这个时候，孩子总是把头蒙在被子里，枕头都不知道被他的泪水打湿了多少次。

就这样，孩子吃不好，睡不好，白天总是无精打采的，上课犯困，放学吓得不敢回家，他非常不想听到爸爸妈妈吵架的声音。终于有一天，孩子实在受不了了，竟然离家出走了。

父母关系不和谐，实际是家长对孩子实施的一种精神虐待。

孩子年龄小，并不能完全理解父母为什么争吵，他们只会从自我的角度出发，认为自己是引起父母吵架的根源，从而形成一种深重的罪孽感和内疚感。同时，他们又担心父母大吵大闹的结果是抛弃自己，因而产生强烈的、难以名状的恐惧感。这种负面情感，对孩子会造成很深的精神创伤，严重的还会造成心理障碍。

生活中，有些家长口口声声说为了孩子才不离婚，却终日"硝烟"不断，殊不知这种行为带给孩子的伤害更难消除。经常面对家庭"战火"的孩子，容易陷入人际交往障碍，焦虑、多疑，对未来生活缺乏信心，尤其易对婚姻产生恐惧感。

如果没有十几年前的纵身一跃，如果能与抑郁症抗衡到今天，现在，"哥哥"张国荣就已经64岁了。

01 为什么他独自玩耍
孩子不合群，一半是性格所致，一半是父母导致

"哥哥"出身富裕，父亲是中国香港著名洋服裁缝大王张活海，著名导演希区柯克、演员加里·格兰特、马龙·白兰度、威廉·霍尔登等好莱坞巨星都曾专程光顾，母亲潘玉瑶则是大户人家的大小姐。

然而，出生在这样的家庭，"父母"却成了"哥哥"成长过程中严重缺席的符号，这种冷暴力填满了他整个孤独童年。他甚至认为，挨爸爸妈妈的打是件好事情，因为他连这样的"亲子互动"都没有。

有人曾问"哥哥"，父母是否爱他，他回答："可能是。"

另一方面，父母的情感纠葛、父母婚姻的不和谐也深深伤害了他。

张父除了正室潘玉瑶外，还纳了两妾，并在半岛酒店长期包房与其他女人"谈心"，母亲潘玉瑶就会雇私家侦探去跟踪父亲。父母不但没有了爱情，也没有了尊重。

从小生活在一个亲情淡漠、剑拔弩张的家庭环境中，"哥哥"感到非常不舒服，他由此认定婚姻是不可信任、毫无意义的，他经常把"婚姻是一种无形的负累"挂在嘴边，甚至看到别人结婚也会伤心大哭。

童年时期的家庭阴影，不经意间给"哥哥"埋下了抑郁的种子。

别以为孩子还小，什么都不懂，他们其实非常敏感，能够敏锐地察觉到父母婚姻关系、家庭氛围的变化。在父母争吵声中成长起来的孩子，内心早已千疮百孔，他们的性格由此变得敏感、脆弱和消极。长大之后，他们也会对人际关系、婚姻关系心生畏惧，缺乏经营亲密关系的信心和热情。

　　孩子不仅需要父母的爱，也需要父母相爱以及一个和谐的家庭环境。保持家庭稳定，减少冲突，是保证孩子身心健康发展的基础，也是培养孩子情感专注力必不可少的条件。

　　如果可以，希望天下的父母们都能相敬互爱，而且要公开地让孩子看到这种深厚感情。如果孩子能够感受到父母的相亲相爱，我们就无须更多地向他解释什么是友爱和亲善了。父母的真实情感流入了孩子的心田，将有助于他在将来的各种关系中发现真挚的感情。

　　退一步说，夫妻间如果有矛盾需要解决，也应该充分考虑到孩子的心理感受，尽量控制情绪，不要随意发泄，如果非吵不可，也应避开孩子换个环境，或让孩子暂时离开。

　　甚至，我们还可以让孩子参与进来讨论，听听他是怎么说的，不管孩子说得对与错，都不要争得面红耳赤。

01　为什么他独自玩耍
孩子不合群，一半是性格所致，一半是父母导致

　　有些父母喜欢在争吵时说："要不是为了孩子，早就跟你离婚了。"这话如果让孩子听到，他就会误认为父母的争吵是因为自己引起的，会因此内疚。所以矛盾面前，我们一定要就事论事，千万不要把孩子牵扯进来。

　　再奉劝天下的父母们一句，即使婚姻失败了，也要学会不抱怨、不仇视，给予孩子正面的引导和更多温暖的陪伴，尽可能减少婚姻不幸带给孩子的伤害。

孤僻，有时只是原生家庭的错

有一位朋友，夫妻二人都是教师，而且只有一个独生子，因而对儿子的教育非常严格，孩子从小就被"圈养"在家里。我这位朋友特别爱干净，其他小朋友到她家里玩，如果把屋子弄乱了，她会很不高兴，并警告孩子，下次不要把小朋友带到家来。就这样，孩子的朋友变得越来越少，他也越来越不爱与小朋友们交往了。

等孩子稍大一点，他们又常告诫他，外面坏人多，对谁都要提防点，做什么事都要小心。孩子上初一那年，一天上完晚自习，独自一个人回家，在一条小巷子里，看到几个社会青年正在殴打一个学生模样的男孩，父母的叮嘱顿时变成了他亲眼看见的事实。他吓得瑟瑟发抖，拼命地跑回家，后来经过很长一段时间，这种恐惧感

01 为什么他独自玩耍
孩子不合群，一半是性格所致，一半是父母导致

才慢慢消失。恐惧感虽然消失了，但恐惧的痕迹还是存在。每当孩子看到陌生人，就会产生莫名的恐惧，在惶恐、矛盾、徘徊中，他变得越来越孤僻。

从儿童心理学上讲，社交心理是孩子心理健康的一个重要标志。如果父母没有为孩子培养一个正常的社交心理，那么孩子将自我封闭于一个相对固定与狭小的环境中，由于隔绝了与人的交往而往往容易产生心理障碍。常见的表现是：自闭、胆怯、自私、任性，不帮助别人，也不愿接受别人的帮助，忽而自傲，忽而自卑。有的孩子可能学习成绩不错，显示智商颇高，但情商可能偏低；不仅交往能力不足，而且不会妥善处事。造成这种情况的原因可能是长久关闭在与爸妈的小天地里，没有同小朋友玩耍的环境，更难交得知心朋友而导致的性格变异。

孩子孤僻，怕见人，总是不开心，对一切事情都冷漠，或是喜怒无常爱发脾气，做事情不专心，坚持性差，父母就要注意了。对于这样的情况，很多父母认为是孩子的性格特点，不太在意。其实，孩子的孤僻行为与家庭影响有很大的关系。

表妹在生多多前,是一家大企业的高薪白领。因为一直忙事业,怀多多时已经是高龄产妇了。为了把孩子培养成才,她无法再兼顾事业,于是辞去了光鲜的工作,一心一意当起了全职妈妈。

表妹把孩子的教育当成事业去做,不仅把多多的日常生活照顾得无微不至,而且从孩子出生起,就非常注重对他的教育。多多2岁多的时候,就能够数数、背唐诗、读英文字母了,没少赢得亲朋好友的赞许,表妹也因此成了大家眼里榜样级的全职妈妈。

但是从多多上幼儿园开始,问题就来了。

虽然多多没有像其他小朋友那样,在入园初期大哭大闹,但表妹发现,自从上了幼儿园以后,多多的情绪就大不如前了,而且夜里经常做噩梦。幼儿园老师对表妹说,多多在幼儿园很乖,自理能力也很强,但就是太安静了,他不和老师、小朋友一起玩耍,总是一个人坐在角落里望向窗外,似乎望眼欲穿等待妈妈的到来,那种期盼的小眼神看着都让人心疼。

表妹问多多:"为什么不和其他小朋友一起玩呢?"多多的回答每次都如出一辙:"我只喜欢妈妈,只喜欢和妈妈玩,我不要和别人玩!"

表妹说,听了多多的话,她心里别提多难受了,想想多多上幼儿园前,每天在家里和自己玩得都很开心,可怎么上了幼儿园,小朋友多了,反而孤僻了呢。

其实,多多的孤僻正来自表妹的过度养护,以至于孩子大多时

01 为什么他独自玩耍
孩子不合群，一半是性格所致，一半是父母导致

间只和妈妈两个人在一起，几乎没有机会接触外面的世界。生活圈子的闭塞，会让孩子缺乏足够的社会化锻炼，久而久之，孩子就不愿也不会与别人相处了。这样成长起来的孩子，往往更喜欢独处，或只愿和妈妈在一起。

当然，导致孩子孤僻的原因还有很多。

有些家庭，父母本身不善交际，自然无法为孩子提供正确的社交指导，受此影响，孩子从小就容易因为缺少小伙伴而越发不合群。

有些孩子，因为父母离异或一方身故生活在单亲家庭中，长期缺少足够的家庭温暖，爱的缺失致使他们性格越发孤僻，对周围的人和事物总是冷漠对之。

有些家庭，父母过于重事业，长期将孩子托付给老人或保姆，孩子在成长过程中得不到父母爱的滋养，就很容易出现畏缩、孤僻的情绪。

有些父母，过度以孩子为中心，孩子被娇宠成了习惯，一旦到集体中，关注度严重降低，没有了赞美声，孩子的自信心顿时备受打击，就会慢慢变得自闭。另外，被溺爱的孩子往往过度以自我为中心，要求得不到满足就会大发脾气，这样也会受到小朋友的排斥。

还有些父母，信奉严厉教育，孩子面前总是板着面孔，孩子有点小错非打即骂，导致孩子对父母过分畏惧，长期处于紧张压抑状态。因为害怕犯错受罚，孩子战战兢兢如履薄冰，慢慢地就从不敢说话变成了不愿说话。

03

诚然，孩子的孤僻令我们做父母的内心焦虑，但倘若父母能够及时醒悟，改变教养方式，多接近、多关心孩子，给予孩子足够的温暖，孩子的孤僻状况就会有所控制和好转。

爸爸妈妈应该竭力为孩子创造一个良好的家庭氛围。如果父母不和，经常争吵，孩子就得不到应有的关怀和培养，孩子的心灵就会受到创伤，就会因此而沉默寡言、闷闷不乐，从而越来越孤僻。假如爸爸妈妈经常随意批评、否定孩子，甚至指责、训斥孩子，孩子就会丧失自尊心和自信心，会感到自己很笨和行为不好，这种自我体验几经反复固定下来，就会使孩子形成自卑孤僻的性格，总认为自己什么都不会、什么都不行，谁都不如，因而一个人缩在一旁不敢出声、心情压抑。

我们还要扩大孩子的生活空间。当前，由于家居条件、家庭结构等原因，很多父母常把孩子关在家里，久而久之，孩子就会变得孤僻。我们应该让孩子从"自我"的小圈子走出来，让孩子多与小伙伴一起玩耍、游戏、生活。

我们要将孩子带动起来。孤僻的孩子多着迷于一些缺乏社会交往、社会交流的活动，如看电视、玩游戏机等，对周围的事物不闻不问，对社会、周围的人和事采取不参与的态度。我们必须中断孩子这些着迷的爱好，多与孩子进行情感沟通，鼓励孩子陪自己外出采购、参与做饭或帮邻居取奶、取报、送信等，让他与人进行交往及培养他助人为乐的精神。

我们要坚持每天带孩子出去到有同龄小孩玩的地方活动，这是非常有必要的。另外，如果可以，多带孩子到有同龄孩子的家庭串串门，让孩子多多与别的小孩子接触。因为和同年龄的孩子在一起，孩子们相对来说会比较放松，也更容易开口和别人交流。

此外，我们要注意细致地观察、挖掘孩子的长处，创造条件使孩子得到表现的机会，经常以商量的语气、信任的目光、平等的心态与孩子沟通，做孩子的好朋友。这样，孤僻的孩子也会慢慢开朗起来，不会再沉迷于独自玩耍。

社交恐惧症来了！孩子，别害怕

邻居小蒋家的孩子今年4岁，原来是由小两口自己带的，后来生活压力日渐增大，小蒋的妻子准备重新开始工作，就将孩子送到了幼儿园，另一方面也是想让他适应一下集体生活，为将来进入小学做准备。没想到刚过两周，幼儿园老师就告诉他们，这孩子可能有社交恐惧症，建议小蒋夫妇带孩子去做心理辅导。小蒋夫妇一开始根本不相信，心里想着孩子每天在家里笑逐颜开，别提多快乐了，而且每天都绘声绘色地对自己讲述在幼儿园学到了什么新东西，怎么看也不像心理异常啊。于是在老师的建议下，小蒋夫妇决定到幼儿园看个究竟。

在老师的安排下，小蒋夫妇躲在儿子所在班级的窗外观察。他们发现，无论是课堂上还是自由活动时间，自己家孩子都躲在其他小朋友的后面。课堂上，老师提问，他从不积极回答，老师问到他，他也是低着头、红着脸，含含糊糊不知在说什么；自由活动时，其他小朋友都聚在一起玩耍，只有他一个人搬着小板凳坐在角落里玩积木。同时，小蒋回忆起，晚上带孩子散步，孩子见到小区里相识的叔叔阿姨，从不主动叫人，要么假装没看见，要么故意往爸爸妈妈身后躲。

这样的现象在许多孩子身上都很常见。

年龄小的孩子，由于缺乏独立生存能力和社交经验，在离开父母独自面对陌生人的时候，都会产生焦虑情绪。一般来说，随着和陌生人交往程度的深入，焦虑情绪会逐渐减弱，最终成为"熟人"。但如果长时间地、反复地出现持续性焦虑情绪和回避行为，孩子可能就是患上社交恐惧症了。

儿时的社交恐惧症对孩子成年以后的社会生活影响严重。尽管社交恐惧症对人的智商不会造成什么损害，但有社交恐惧症的人，因为"不善沟通""难以相处"，往往有才能也无法表现，有能力也无法施展。

每个孩子最终都要从家庭走向社会，对社会的不适应，过分的腼腆羞涩，会妨碍性格的发展和完善，对孩子的学习和工作都会造成不良影响。

现如今，"人际交往"技能已经被列为孩子的基本智商之一。正像菲律宾大学临床儿童心理学家马·劳迪斯·卡兰丹所说的那样："一个社交能力低下的孩子比没有进过大学的孩子具有更大的缺陷。"

是否拥有朋友是孩子能否健康成长的关键因素之一。关心孩子就一定要关心他们交友，帮助孩子就一定要帮助孩子交友。一个好朋友的影响力等于或者超过一个好的老师。

孩子交朋友看起来似乎是自然而然的，但是我们忽视了孩子们常常需要练习才能正确地结交朋友。而且尽管人们过去相信，孩子直到上学的年纪才会开始发展真正的友谊，现在的研究却表明，孩子发展亲密的关系最早可以从 1 岁开始。等孩子到了 3～4 岁，建立这样的亲密关系对他们的自信是非常重要的，而且这样的关系会让孩子在学校的最初几年感觉很自在，这是他们非常需要的。

孩子需要和同龄伙伴玩耍、交流，这是孩子认知世界的重要途径。

作为父母，我们首先要明白，和小伙伴们嬉戏玩耍，是正处在孩童时期的孩子的天性。

我们应该从最普通的基础开始，也就是说，要从最基本的开始教起。孩子常常模仿他们看到的社交习惯和方式，其中，他们最容易学到的就是父母在家里接待来访者的习惯和方式，所以，我们要时刻注意自己的社交方式。

孩子听父母讲话时会不耐烦，有时候会打断父母的谈话，让父母分享他的看法，这是很正常的。和孩子谈话时，我们应该采用轮流讲话的方式，要多听他讲话，而不是向他训话。

鼓励孩子大胆与人交往，父母适度提醒、节制是必要的。但是，必须看到朋友对孩子发展的不可或缺性，限制过多必然得不偿失。所以我们应该鼓励孩子大胆交往，特别是要引导孩子为弥补个人缺陷而交往，这对孩子来说是一种挑战的机会，这样会给孩子带来突破性和均衡性的发展。

同时，我们也要尽量给孩子创造与人交流的机会，比如，在外面用餐，需要纸巾或添加碗筷时，可以让孩子自己去找服务人员要；在超市，给孩子点钱，让他自己选购想要的东西并结账；外出时，我们可以佯装不认识路，让孩子去向陌生人问路，等等。当孩子完成任务以后，他们会从中获得成就感，这时父母别忘记多多表扬鼓励，让孩子更加享受与人交往的乐趣。

我们应当欢迎孩子带朋友回家。如果你家里装修得富丽堂皇，又打扫得一尘不染，而几个调皮的孩子进入你的家门，你会欢迎他们进来吗？如果你这么做了，家虽然被搞乱了，却成了孩子们的天堂；如果你拒绝了孩子们，哪怕稍有不悦，敏感的小精灵们都可能敬而远之。你一定明白，两种态度必然会有不同的结果。毫无疑问，让孩子拥有伙伴并快乐地生活，比房间的整洁漂亮重要上万倍！

02

太害羞，怎么办？

在生活中循序渐进，培养孩子的社交自信

害羞是种天性，但别让它变成毛病

平时和小区里的宝妈们聊天，常听到有些妈妈这样说：

"我家孩子在家里面好像个小老虎，就是家里的'王'，但到了外面就成了小老鼠，胆子小，很害羞，人前不敢说一句话。"

"我带孩子去游乐园，孩子每次都躲在我身后，不敢和其他小朋友打招呼，不敢和大家一起玩，真不知道应该怎么办。"

……

说这些话的时候，宝妈们一脸的忧虑。往往这个时候，我都会劝她们不必过于担心。

其实，绝大多数孩子都是这样。人类，尤其是幼儿，在面对陌生环境或者陌生人时，往往会显得腼腆、胆怯、沉默，容易害羞和受惊，从心理学上看，它属于人类的一种自卫策略；就发展观点来看，它是一种与生俱来的行为特质。

换而言之，每个人都有害羞、怕生的情结，但只要在幼儿时期，父母引导、调整得当，害羞情结就不会成为生命的桎梏。

然而，很多父母，受传统教育观念的影响，把孩子害羞、怕生的天性一步步推向了极致，很多孩子，就这样在无形中被毁掉了。

——"不要跳！"

——"安静点！"

——"给我坐好！"

这大概是中国父母对孩子说得最多的话。如果孩子不听话，家长们往往恼羞成怒，总有一些家长认为，孩子"文静才好"，"听话就是乖"，可如果孩子真的规规矩矩听从了你的指令，你可能又发现，他变得胆小害羞、容易紧张了。

事实上，过于听话的孩子问题更大，因为他们很可能失去更重要的东西——社交力。

自幼被家长过分约束的孩子，会越来越害怕社交，会变得越来越害羞，越来越孤僻，这就成了一种病态的人格增长。

孩子会因此出现无理性的恐惧，恐惧别人的负面评价，恐惧无法面对社会情境，恐惧被人拒绝，以及恐惧亲密关系，等等。

他们过分敏感，逃避人与情境，以免受到任何潜在批评，同时亦会保持低调的行为反应，不敢抬头、挺胸地面对他人，以避免引起注意。

他们无法显现引人注意、适当插嘴、及时恭维等适宜的社会行为；他们犹豫、寡言、独立性差、被动、退缩、容易忧伤、没有领导能力；他们爱脸红、说话结结巴巴、咬指甲；他们不敢正眼对人、较不友善、尽量单独活动。

他们处处放不开，很难专注在任何工作上。极端的表现是：不能接受游戏、跳舞、比赛或任何社会活动上的欢愉。无论参与抑或旁观，通常都过于担忧别人对他的印象。

他们往往缺乏自尊。当他有失败情形时，就会担心得不到父母、师长的关爱和接纳，而自贬自责。这不但阻碍了他能力的发挥，也影响身心健康。

……

现在的孩子，接触外界的机会越来越少，天性容易被扼杀，父母如果还过多地要求孩子"听话"，孩子就更难显现自己的天性。想要培养一个阳光乐观、善于交际的孩子，你就不得不忍受他小嘴不停嚷嚷，忍受他和小朋友一起弄乱你的屋子，忍受他在沙发上狂奔乱跳……总之，忍住对自己的安静被搅乱的焦虑，让你家的孩子有自由生长发展的机会。

那么，父母的问题来了：

如果你家的孩子性格内向，有可能变得开朗大方吗？

如果你家孩子已经被你调教得过于听话，不善交际，还可以补救吗？

怎样才能让孩子更有勇气和自信？

如何安抚孩子各种"莫名其妙"的紧张和焦虑？

作为父母，我们能为孩子做些什么、提供什么样的帮助？

对于这些问题，我可以明确地回答：逆转孩子已形成的性格缺陷，我们可以做到，但仅仅是接纳和等待是不够的，我们应该主动向孩子施以援手。

川川两三岁的时候，就是个有些胆小、慢热的孩子，常常是想和小朋友一起玩，又有些害怕，想和大家一起做游戏，又不敢主动参与。小眼神里常流露出又渴望又纠结的表情。

看到这种情况，我就尽量多抽时间带他到人民广场，再招呼其他小朋友一起玩。我们一起玩"丢手绢""老鹰捉小鸡""捉迷藏"等孩子都喜欢的游戏，就是在滑滑梯的时候，我都坐在底部，让他们把我"踹飞"。

在欢快的玩耍中，川川也慢慢开始改变。

有一天，我惊喜地发现，川川看到其他小朋友玩耍时，会主动要求加入了！那些曾经跟我们一起玩过游戏的孩子，也会主动招呼川川去玩，在游戏中还挺照顾他的。

要使孩子健康发展，父母就要做出相应的"精神投资"。

我们首先就要改变教育方式，要与孩子民主、平等地相处，这样，孩子就比较容易形成善于交际、愿意合作又能独立自主的性格特征。如果我们过于专制，孩子就很容易变得情绪不稳、依赖性强、害羞怕生、怯弱胆小。

我们要让孩子生活在一个宽松的环境中，让孩子感到，周围的人都很亲切，可以接近。对害羞的孩子说话时语调要和缓，态度要和蔼，情绪要平稳，孩子在无心理压力的气氛中，怕羞的特点就容易得到矫正。

02 太害羞，怎么办？
在生活中循序渐进，培养孩子的社交自信

要逐渐扩大孩子的交往范围，教给他交往的技能，必要时还要做好他所交往的人的工作，让他们主动些。可以让他们与年龄小些的孩子一起玩耍，这样他们就不会感到羞怯，愿意扮演有能力、有经验的角色。他们感到自己比小的孩子更优越，乐意帮助他们解决困难，显露自己平时不敢流露的才能和交往技巧。

要有意识地对他多鼓励，少批评，千方百计地增强孩子的自信心。例如：鼓励孩子与小朋友一起玩，让孩子做招待客人的小主人，鼓励孩子参加班里的一些讨论或活动，等等。要让他在有充分把握时，有准备地当众展示自己的能力，获得周围人的认可、赞扬，从而树立起自信心。

必要时，我们应该主动与老师联系，将孩子的性格特点、兴趣爱好等告诉老师，请老师多帮助孩子，多给孩子锻炼的机会。

总之，只要我们做父母的，有心地去教育和培养，怕羞的孩子也会逐渐大方、活跃起来。

当然，"改变"需要慢慢来，一点一滴地陪伴，一步一步地行动，一丝一毫地肯定，一句一句地鼓励……在帮助孩子的过程中，我们所做的每一步，都不要给孩子施加压力，孩子的每一步行动，都应该给予及时的肯定，真正建立起孩子的行动与周围群体鼓励之间的正向反馈。在这种正向反馈的反复作用下，孩子才能逐渐放下压力、放开自己，直至最后彻底打开心扉，成为一个开朗乐观、大方主动的小小社交家。

孩子害羞，不是你骂他的理由

听老公说，他小时候也是个腼腆的孩子，人多的时候，让他说句话唱个歌什么的，他不是支支吾吾开不了口，就是羞红着脸跑开了。为此，每次跟爸爸出门，回家以后都少不了挨一顿批评："你怎么这么不争气，连句完整话都说不出来。"后来，为了避免尴尬场面，爸爸越来越少带他出门了。

老公说，那段时间他自己都觉得自己不争气。

孩子之所以会形成腼腆内向的性格，与父母的少鼓励、多指责有很大关系。腼腆的孩子一般都会自信心不足，父母一味地指责只会让孩子的自信心再次受到打击。可以想象，一个自信心严重受挫的小孩，又怎么可能变得开朗大方呢？

02 太害羞，怎么办？
在生活中循序渐进，培养孩子的社交自信

所幸，老公遇到了一位很好的老师，他的班主任郑老师曾关心地问他："腼腆是什么味道？"老公说："就像被咒语镇住了，四肢都发僵。"郑老师轻抚着他的小脑袋，说："老师希望你相信，不管它多么严峻，在爸爸妈妈、老师、同学的协助下，你都能够战胜它！"

老公说，听到这种鼓励以后，他感觉就像仙女飘然而至，魔咒被逐渐解除了。

通常来说，孩子都希望自己成为好孩子，但对于害羞的孩子来说，他们最怕的就是爸爸妈妈对自己的批评和指责。很多时候，孩子原本已经对自己的害羞行为感到惭愧，如果爸爸妈妈还一味责怪，他们必然会难受至极，长此以往，孩子就会因此失去自信。

其实，有时候孩子表现得有点小害羞，并不是什么大事，但如果我们总是过分关注与强化这部分的"小害羞"，不知不觉间反而会让孩子的害羞得到固化。因为孩子接收到的是你否定的信息，这等于在不停地和孩子说："你是害羞的！"我们不要过多地传达这样的指令，不要给孩子在潜意识里贴上害羞的标签。

所以，如果孩子很害羞，我们就算感到很焦急，也不要恨铁不成钢地惩罚或贬损、强迫孩子，任何过度处罚都可能造成孩子害羞成性，尤其是当着别人面指责与羞辱，等于将孩子推上了害羞的不归路。我们应该对孩子给予足够的理解和尊重，让孩子明白，爸爸妈妈理解他们，并正在帮他们找到害羞的真正原因。当孩子感受到来自父母的支持以后，他们才会积极主动且有效地树立信心。

以前的同事吴姐在和我聊孩子的教育问题时，曾给我讲过这样一件事：

她家的孩子任伟，去年升初中的时候，不知怎的，变得越来越害羞，上课不敢主动举手回答问题，遇到陌生人的时候，一般也是满脸通红的，一副羞怯的模样。班上有什么集体活动的时候，孩子总是喜欢跟在别人后面，别人干什么，他就干什么。

有天课堂上，老师提问任伟了，可是他涨红了脸，支支吾吾半天都没有说出一句话，同学们哄堂大笑，这下孩子更是窘迫不堪了。课后，老师及时给吴姐打了电话，把孩子的状况和她详细说了一下。

放学后，当孩子一个人低着头走出校门的时候，意外地看见了等在门口的吴姐。孩子当时也很奇怪，是谁走漏了风声，让妈妈知道了自己今天在班上的表现。

吴姐微笑地向孩子招手，孩子来到妈妈面前，怯怯地叫了声："妈妈。"

吴姐对孩子说："嘿，我的帅儿子，怎么一副垂头丧气的模

02 太害羞，怎么办？
在生活中循序渐进，培养孩子的社交自信

样呢？"

孩子低声问道："你知道我今天在班上的表现了吧？我很没用是吧？"

吴姐搂着孩子的肩膀，亲切地说道："才没有呢！你很棒的，妈妈觉得你很棒！所以，为何不试着让大家多了解你一点呢？很多事情你也一定能做得很好！大胆一点，嗯？"

孩子听了妈妈的鼓励之后，心中涌起了一股暖意。后来，在吴姐的帮助下，孩子渐渐学会了如何在别人面前大声地说话，表达自己的想法，上课也开始学会举手回答问题了。吴姐说，后来任伟还代表班级参加学校的演讲比赛呢！

治疗孩子的"害羞病"，父母的态度最重要。

当孩子出现怕生、害羞的情况时，父母当场给予难堪和指责，就是在摧毁孩子所剩无几的信心和自尊。这个时候，我们应该及时为孩子打气，耐心引导他打开心房。当孩子有了好的表现时，更别忘了及时给予他鼓励和赞美，孩子才会越来越有信心表现自己。

事实上，害羞的孩子对于自己沉默寡言、不善表现的状况并不是不想改善，而是不知从何着手或应该如何去做。换而言之，在精神上，孩子并不想与人隔绝，但在自己与他人之间，他们又不知道如何相处，也不知道如何彰显自己。因此，理解孩子并进一步提供辅导，是我们做父母的必须要学会的功课。

要帮助孩子，我们首先要改变自己的心态，正确对待孩子怕羞的问题。有些家长看到别人家的孩子说话大大方方、响亮清脆，而自己的孩子却扭捏着不愿意吭声，内心里就又气又急，其实，这是完全不必要的。

我们不要当着别人的面说孩子胆小害羞，更不要拿别人家的孩子与他做对比，说"看××家孩子多大方，你真没出息！"之类的话。这样的表达，会让孩子错误地认为父母不喜欢或嫌弃他，让孩子对自己产生错误的认知和评价。害羞，对孩子来说，原本是个很自然的事情，甚至孩子都不会意识到这有什么问题。所以，千万不要随意给孩子戴上"害羞"的帽子。你可以委婉地说，孩子只是不适应，过一会儿就会好。

在日常生活中，我们要给予孩子足够的抚慰。当孩子慢慢长大以后，应多多了解孩子的内心活动。要教会孩子最重要的东西——自信。"你太优秀了""你很棒"，这样的赞美之词不要吝惜。

此外，要多给孩子以鼓励，让孩子得到肯定和表扬。胆怯的孩子本身就自责，缺乏勇气，在做某件事之前，预见的结果是自己不行。如果这时给他一些鼓励，增加他的勇气，他会把事情办得很好。

另外，一般羞怯的孩子会担心别人瞧不起自己而不去交朋友。这时我们就应该鼓励他，可以让亲朋好友或比较熟悉的孩子与他一起玩，克服他交往的恐惧心理，然后再鼓励他在同学中交朋友。当孩子带朋友到家中时，我们要表现出足够的热情，别不当回事，以增加他交朋友的勇气。

尤其需要注意的是，在孩子面前，我们不要滥用父母权威，特别是面对易羞怯的孩子。家里的事，尤其是与孩子有关的事，要多征求孩子的意见，让孩子觉得自己在家庭中与父母是平等的。这有利于克服孩子的自卑情绪。

在平时，我们应多鼓励孩子参加学校的文体活动，多鼓励孩子在公共场合发言，支持孩子参加有益的社会活动。千万别让孩子生活在集体活动的圈子之外。当孩子找到自己感兴趣的事情时，就很容易摆脱羞怯情结了。

纠正孩子怕生，父母不要急于求成

听小区里的亮亮妈说，她家亮亮是个非常怕生的孩子，过年的时候，家里客人来得多，他就特别不自在，躲在自己的房间里不肯出来。

他们夫妻带亮亮参加朋友的婚宴，他也会显得局促不安，当新人入场，音乐响起，大家一起鼓掌的时候，他却大哭大闹，一定要离开，搞得自己好不尴尬。

另外，他的胆子也很小，平时带他去公园玩，他连波波池都不敢跳进去。比他小的孩子反而在里面玩得非常开心。

在学校里，亮亮总是静静地坐着，老师和同学们有时甚至感觉不到他的存在。他也没什么要好的朋友，所以自由活动时间，总是

02　太害羞，怎么办？
在生活中循序渐进，培养孩子的社交自信

一个人自娱自乐。

有时候在街上遇到父母的朋友，他就会小脸通红，躲到妈妈身后。他的妹妹比他小 2 岁，表现却要好很多，她能和初次见面的人很快熟识起来，在大人面前非常活泼。

有一次，亮亮妈领着亮亮和妹妹去了肯德基，两个孩子都想再要一份薯条，妈妈就让亮亮去买，想有意锻炼他一下，亮亮却不愿意，求了妈妈好一会儿，最后，经过数次演练才壮胆走了过去，但由于声音太小，服务人员没有听清楚，亮亮竟羞怯地哭了出来。

亮亮妈说，她现在非常担心亮亮的将来，这样怕生的男孩子，将来该怎样闯荡社会呢？

怕生，每个孩子或多或少都有一点，怕生是孩子的固有个性之一，正常情况下，没必要过分关注或试图强制改变。但若是像亮亮这样，因为过于怕生以至于不能和其他人相处，就会错失从中学习和得到快乐的机会，长大后可能造成性格上的偏移，如腼腆、胆小、固执、孤僻等。这样的孩子需要我们的帮助。

想帮助孩子解决怕生问题，我们首先要了解孩子为什么怕生。

一般来说，造成孩子过分怕生的原因主要有两个：

一是环境因素。现代家庭多为小型化的三口之家，住的又是高楼独户，关上门就是一个小天地。独生子女在家中多数时间仅面对自己的父母，长年累月少与外人接触，慢慢使孩子形成一种习惯，在心理上形成一种"定式"，认为只有和父母在一起最安全、最自在，而见到陌生人就会有很强的不安全感。

二是教育不当所导致。有些父母怕孩子单独外出会闯祸，就吓唬孩子，导致孩子胆子越来越小，怕见生人；有些父母怕孩子外出受到别人欺侮，怕吃亏、学坏，就将孩子关在家中；有些父母怕孩子与人接触传染疾病，情愿让孩子闭门独处。这些父母都是人为地限制了孩子的活动范围和交往机会，使孩子不能获得外界的信息，过着封闭式的生活，必然会使婴儿期自然的"怕生"现象延续到幼儿期，甚至还会影响到儿童和青年时期的个性。

所以说，纠正孩子怕生的问题，我们首先要做的，是纠正自己的教养方式。

纠正孩子的怕生问题，父母不要急于求成，应给他一个慢慢适

02 太害羞，怎么办？
在生活中循序渐进，培养孩子的社交自信

应的过程。

面对陌生人，给孩子时间：父母都希望孩子能够热情大方地和亲朋好友、邻里街坊打招呼，但对于怕生的孩子来说，其实是很难的。

当孩子不愿意称呼陌生人时，我们千万不要勉为其难，更不要胁迫他就范。我们要拿出博大的胸怀来接受孩子的问题，尽量做到不批评、不强调。这一点非常重要，各位家长一定要记住。

有些父母将问题简单化了，强行让孩子接纳陌生人，他们觉得一回生两回熟，就算孩子很抵触，也非要把他们拉到"陌生人"中间，试图用"人海战术"缓解孩子的认生问题，结果反而使孩子更惊慌失措，恐惧感加剧，认生的程度更严重了。

还有些家长认为孩子"天生如此"，索性放任自流，并不积极解决这个问题。怕生确实是种天性，但并非不能纠正。

认生期的川川当时对所有外人都本能地排斥，有时朋友来家中拜访，碰巧他情绪不好，就会又哭又闹，让我根本无法招待客人。

因为川川怕生，很多人在路上见到我们，都是打个招呼就走，不敢上前聊天，怕引起川川不适。看到我无奈又尴尬的样子，朋友们安慰说："小孩子都怕生，长大一些就会好的。"

虽说这话有一定道理，但在孩子的教养问题上我可不敢大意，太过顺其自然难免会出现问题，一不小心可能就会影响孩子的一生。经过仔细观察，我发现小家伙路过食品店或是看到别人吃东西，总是目不转睛，活脱脱一副小馋猫的模样。于是，我想了个简单的方法来帮助川川弱化怕生心理。

每次，我带着川川去广场玩的时候，都会在包里放上一些他非常喜欢的点心、水果，找机会，我就把这些食物递给旁边认识的宝妈，让她们帮忙拿点心、水果给川川吃。

最初，川川虽然盯着点心，想伸手拿，但抬眼看下是生人，就马上转过身紧紧抱住我的腿。我会引诱川川说："宝宝最爱吃的点心呢，阿姨给你的，接着吧。"川川不为所动，我也不勉强他，就说："那妈妈先帮你拿着，你看这个阿姨多喜欢川川啊。"川川伸手从我手中接过点心放进嘴里，我继续诱导他："这是阿姨给的，川川快谢谢阿姨。"头几次，川川不做任何表示，渐渐地，他由冲人家害羞地笑笑，发展到自己从别人手中接过点心或水果。

利用这种场景训练，我让川川多次感受陌生人对他的友善和喜爱，体验与陌生人交流的快乐，慢慢地，孩子对陌生人的恐惧感淡化了，他能与陌生人正常的互动了。

事实上，只要我们做父母的是个有心人，那么孩子的问题最终都不会成为严重的问题。

对于怕生的孩子，我建议爸爸妈妈们有意识地创造一些他与外界接触的机会，去应酬或者出去跟朋友聚会的时候，如果条件允许，我们可以把孩子带在身边，让孩子认识接触更多的人。估计一开始他肯定会排斥或者惧怕，我们要温和对待，要表现得以他为骄傲，以他为自豪，让孩子觉得我们并不因为他的怕生而小看他。但这个过程要循序渐进，要注意选择好对象，避免孩子在活动中受到惊吓、挫折等不良心理体验。

还有一个好方法，就是赋予孩子一些日常交际生活中的角色，陪孩子一起提前演练。比如，分配给孩子接待客人的任务，并和孩子一起做角色扮演的游戏，爸爸妈妈和孩子轮流扮演客人和孩子的角色，教会孩子接人待物所需要的恰当的话语或行动。我们应该针对孩子们的弱点，提前和孩子一起构思脚本，让孩子提前进行练习，当他们有了成功的体验，自信心就会提升，就会逐渐淡化怕生的尴尬心境。这个时候，爸爸妈妈尤其不要吝惜自己的称赞，应积极奖励孩子行为进步的表现。

此外，我们应该多为孩子创造与同龄孩子及与大人接触的机会，如果能为孩子找到一个乐观开朗、具有人气、懂得关怀的孩子做朋友，那就再好不过了。

准备好！迎接人际关系敏感期

人都有交际的需求，当孩子成长到一定阶段，他们就会倾向于寻找朋友。

川川刚上幼儿园的时候，每次去幼儿园都会从家里面带一些零食和玩具，到了学校之后看到其他小朋友，他就大方地将自己的零食和玩具分给他们，但前提是对方要和自己玩。当其他小朋友因为零食和玩具答应和川川一起玩的时候，他就会开心地说："好东西要分享！"一会儿工夫，所有的零食都被"瓜分"完毕。他便愉快而满足地和小朋友嬉戏追逐。但是川川有时候回家也会苦恼，皱着小眉头对我说："妈妈，今天没有人和我玩！为什么小朋友们有时候和我玩，有时候不和我玩，零食都不能让他们和我玩。"面对一个四岁的孩子，我也不知道该怎样向他解释"朋友"这个概念，他才能够真正听懂，只好把他抱起来，温和地对他说："只要川川喜欢其他小朋友，对其他小朋友都友好，他们也会喜欢你，对你友好的。"川川似懂非懂地点点头，一眨眼的工夫就开心地玩自己的玩具去了。

孩子上幼儿园以后，也许某一天你会突然发现，他早上带去的遥控小汽车，晚上回来变成了一本童话书；而且，小家伙会要求你多给他带些零食，理由是"我要带给斌斌吃，我要和斌斌做朋友"；有时候他会对你说，"我最喜欢琪琪了，因为她给我饼干吃"，过两天又说，"我不喜欢琪琪了，再也不和她做朋友了，她今天带的奶糖没有给我"；有时候，他又会拿着用小汽车换来的童话书，对你说"我要跟豆豆换回来，我不想要童话书了，我还是要我的小汽车"……孩子频繁地和别人交换食物、玩具，今天和这个小朋友做朋友，明天又喜欢那个小朋友，这些现象都表明，孩子迎来了人际关系敏感期。

人际关系敏感期是儿童成长和发展过程中一个非常重要的时期。我们每个人都生活在关系中，我们的绝大多数问题都是关系导致的，把握好这个敏感期，将为孩子成人以后的人际交往奠定非常重要的基础。

儿童心理学研究表明，儿童在敏感期的人际交往首先通过食物产生连接，就是"谁和我分享零食，谁就是我的好朋友"。但是，两三个月后，孩子就会发现一个秘密：在我没有好吃的东西的时候，或者他们把我的好东西吃完后，关系就会很快结束。

孩子发现这个秘密以后，就会找一个不会消失的东西和周围的小朋友建立关系，即玩具。他们开始通过分享玩具给对方，或是和对方交换玩具，或把玩具赠送给对方的方式建立关系。几个月后，孩子又会发现，把自己的玩具给对方以后，对方得到了这个玩具就有可能结束玩伴关系。此时孩子再次发现，通过分享玩具也无法维持一个正常的交往关系。因此，他们会再次放弃这种方式。

最终孩子会发现，交朋友必须要和对方有相同的爱好和兴趣，或者我喜欢他，或者他喜欢我，或者双方都可以相互理解，和这样的伙伴一起玩才能达到真正的和谐。

在这个过程中，孩子一直在自主地学习，在领悟，他需要完成这样一个周期，这是成长的必需。这个时候，我们最好不要过多地介入，给他空间，让孩子学着自己处理问题，让他们自己找出关系中存在的问题。孩子拥有发现问题、解决问题，并且按照自己的想法设计解决方案的权利和自由。我们必须给孩子这样的自由，他才能顺利度过人际关系敏感期,并完整地到达下一个周期。

记得有一次,闺蜜带着媛媛来家里玩。媛媛和川川玩起了角色扮演的游戏,川川要当狮子王辛巴,媛媛也要当辛巴,两个孩子争着要当狮子王,为此吵了起来。

闺蜜赶忙去调和,说:"川川是男孩,当狮子王;媛媛你是女孩,当王后娜娜,这样分配角色不是很好吗?"

闺蜜的建议一下子惹怒了媛媛,媛媛说:"就因为我是女孩,所以就要让我当娜娜吗?这是什么道理?不公平!"闺蜜的介入非但没能帮助两个孩子,反而推波助澜,我向闺蜜悄悄摆摆手,示意她别再介入,让孩子自己解决。

没过多久,两个孩子又玩到了一起,而且很愉快。闺蜜就问:"你们是怎样达成一致的?"

媛媛说:"如果我到川川家玩,他就是狮子王;如果川川到咱家玩,我就是狮子王。"

就这样,两个孩子在互动中自己学会了建立规则,学会了相互承诺,也学会了放弃一些东西,然后满足对方的一些需求。

处于人际关系敏感期的孩子，对规则高度感兴趣。通常是，甲想控制乙，但控制不住，乙很快就会从甲的试图控制中跳出来；同样，乙也会想控制甲，同样也控制不住。最后他们发现，这样不行，他们就会尝试建立一个规则，双方都同意了才在一块玩。这实际上就是一种承诺和契约，有趣的是，这是孩子在成长过程中自己学会并完成的。

03

礼仪是讨喜的前提

好孩子彬彬有礼,走到哪里都是"万人迷"

孩子不爱打招呼,责任不全在孩子

多数家长可能都遇到过这样的情形:

"这位是陈阿姨,快跟阿姨打招呼。"我们一边说,一边把躲在自己身后的孩子往前拉,而往往是,你越拉孩子,孩子越忸怩。

有些孩子,迫于父母的威严,会怯怯地打声招呼,于是得到"真乖"的夸奖;有些孩子,任你再说,也是低垂着头,紧抿着嘴,不肯就范,于是便被呵斥"真没有礼貌"。

孩子不愿打招呼,就是没有礼貌吗?孩子可不这样想。

前面提到过,老公哥哥家的孩子希希,从小就比较怕生。事实上,他就算见了我们这样熟悉的长辈,也不知道主动打招呼,每次都是嫂子提醒了,他才会怯生生地叫人。

03　礼仪是讨喜的前提

好孩子彬彬有礼，走到哪里都是"万人迷"

有一个周末，我和嫂子约好一起回去看望老人。嫂子一路就不停地嘱咐道："希希到了爷爷家，一定要主动叫人呀！"希希听话地点点头。

到了家里，希希怯生生地主动向爷爷奶奶和我问了好。可那天正好前街邻居朱阿姨来串门，希希看到一个陌生的老人也不知道应该称呼什么才好，所以就低着头不说话。嫂子见希希这副样子，觉得面子上过不去，就连忙催促孩子说："快，快叫奶奶！你这孩子一点礼貌都不懂！"

我看到，希希听到嫂子的话，瞬间眼圈就红了，还小声嘟囔了一句："我也不认识她，不知道应该叫什么，怎么就说我没有礼貌呢？"

其实，小孩子见人不打招呼很常见，不应该将其归纳为不懂礼貌。

然而，很多父母就像嫂子那样，在孩子没有按照要求与人打招呼时，自觉脸上挂不住，于是当着外人的面责骂孩子，"你可真不懂礼貌，白喂你那么多米饭了！""真是不懂事，连说个话都不敢，长大能有什么出息！"伤人的话就像连珠炮一般脱口而出。

每一回听见大人这样说孩子，我总觉得好不忍心。我们曾经是小孩，现在又有了小孩，深深了解被大人说"没礼貌"的感觉，这是一种羞愧，也是一种挫败。羞愧的是自己不好，嘴巴不甜；挫败的是自己做不好，让大人失望。而这种种的感觉，都得同时在大庭广众、众目睽睽之下，被揪出来。

其实，有时对于孩子的礼貌问题，是我们的要求过于苛刻了，有时孩子不主动与人打招呼，并不是故意为之，更不是缺乏礼貌，而是有原因的。

孩子不爱和人打招呼，我们急不得，更不要随意就给孩子贴上"没礼貌"的标签。要想一想，孩子为什么不愿意和人打招呼？

爱不爱打招呼，是天生的，也受父母后天的影响。天生较不怕生的孩子，通常能顺着大人的要求，腼腆地轻声说"阿姨好"，但天生个性较为内向、敏感的孩子，对陌生人心存戒备，要他对一个见都没见过的陌生人表示友好，内心往往要经历一番痛苦的挣扎。

孩子不爱打招呼，也许你该反思一下，是不是遗传你们夫妻俩的性格？你们小时候，是不是也很害怕和陌生人打招呼？也许孩子不爱打招呼，真的不能全赖孩子。

当然，个性因素之外，孩子的家庭教育至关重要。有些父母一回到家里就各玩各的，要么抱着手机不放，要么看电视，忽视了对孩子社交技巧的引导。想让孩子学会与人打招呼，父母本身就要以身作则。那些腼腆型的孩子一开始的确有社交困难，但如果父母经

03 礼仪是讨喜的前提
好孩子彬彬有礼，走到哪里都是"万人迷"

常很积极地跟别人打招呼，孩子耳濡目染，即使你不强迫他，他也会慢慢学习到。

还有一种情况是，孩子不懂得怎样打招呼。这样的情况很常见，生活中，一些家长并没有意识到教孩子打招呼的重要性，所以没有教孩子如何打招呼，打招呼时该说什么，以至于孩子遇到需要打招呼的情况时不知道该怎么做。

此外，如果需要打招呼的不只是一两个人，孩子有可能一时不知道如何应对；或者认为挨个问好很累，而这个行为是为父母做的，不是自己情愿的，索性就全免了。这说明孩子还没掌握同时和多个人打招呼的技巧，也不懂得见了人要打招呼是礼貌行为。

还有些孩子，天生不习惯用语言打招呼，而乐于使用动作表情，比如以对对方微笑来表示友好。

事实上，孩子不爱打招呼，很多情况下并不是因为孩子无礼傲慢，所以，对于孩子见面不叫人的行为，我们切忌统统将其归于"没有礼貌"。

03

孩子不打招呼，就骂孩子，这绝不是合格的家长应该做的事情。

或许，我们不觉得小孩子有自尊心，我们觉得他们那小小的身躯里，没有太多感觉，没有太多自尊。我们觉得，自己的话就是一种教导，孩子必须要听！更或许，在儿时，我们的自尊心也被缺乏教育理念的父母漠视了，所以现在我们长大了，也有权利忽略孩子的自尊心？我们看不见幼小的孩子处于巨人丛中时对陌生人的畏怯，也看不见他们受到责骂时所产生的罪恶感——连他们心爱的父母也觉得他不够好，在别的大人面前数落他，他会觉得自己真的不够好。

是的，在众目睽睽之下数落孩子，教孩子该怎么做，责任是尽到了，别人也会说这个家长不姑息孩子。但在众目睽睽之下给孩子直贴标签（没礼貌、不听话……），震慑孩子的目的达成了，好像离把孩子教育成好孩子的目标也越来越近。但是，以羞辱为手段地教养孩子，这真的没有问题吗？

事实上，让孩子学会与人打招呼，最重要、最关键的是尊重，最有效的办法是示范和引导。

我们首先要意识到，我们要做的不是在孩子没打招呼时定义他，更多的应该是示范，我们要切记的一点是言教不抵身教。在平时的日子里，请多示范给孩子看自己对待朋友的方式，直观地学习和模仿对于孩子习惯的养成很重要。要教会孩子多种打招呼的方式，并不一定要叫人，可以点头、招手、微笑等。当孩子有进步时，请及时给予肯定。我们要做到关注但不勉强，指导但不干涉。更不

03 礼仪是讨喜的前提

好孩子彬彬有礼，走到哪里都是"万人迷"

要给孩子贴上"不懂礼貌"的标签。

我们应该有意识地为孩子提供与生人接触的机会。例如，当有客人来时，让孩子与客人接触，使孩子对客人产生亲切感，一段时间下来，孩子就会主动与客人交流了；又如，多带胆小怕生的孩子参加社交活动，培养他们的胆识和勇敢精神，使之逐渐适应社交场合。对见到陌生人不知如何叫人的孩子，我们应该适时提醒孩子，并且教给孩子几个"万无一失"的称呼，以便孩子见到不知如何称呼的人时使用。

当孩子不愿招呼人时，不要说"这孩子不懂礼貌"，这样会伤害孩子的自尊心，激起孩子的逆反心理，造成尴尬的局面，而应该慢慢引导，因为孩子需要较多的尝试和时间来适应新的事物，新的环境。

总之，对于"不爱打招呼"这个问题，我们不能把所有责任都推卸给孩子。孩子的问题与家庭教育密切相关，我们所要做的就是用自己的行动来影响孩子，用正确的方法引导教育孩子，让孩子从小在正确的教育下健康快乐地成长。

教孩子说"谢谢",这事一点也不难

听朋友讲过这样一件事:

这位朋友的朋友家里有一个女孩,高中的时候到英国当交换生,租住到一家英国人家里。一开始,那家人对她非常热情,可没过多久,全家人都不愿意和她说话了。她打电话问妈妈,问题出在了哪里。

妈妈特意赶到英国,和她一起住了几天,她发现,女儿从来没有对人家说过谢谢。

女主人早上会来收她房间的垃圾,她不道谢。

女主人准备好早餐招呼大家一起吃,她只顾低头吃,并不道谢。

放学回来,她直接钻进自己的房间里,并不和主人家多交流。

……

妈妈对她说:"你要学会说谢谢,这可能是我和你爸爸的过错。"

女孩说:"为什么呢?我住在这里,是给了钱的。在家的时候,咱们家的房间不都是保姆收拾的吗?再说了,他们做的饭菜我并不爱吃啊。"

感激之心虽不是天生的,但我们应利用道德教育、环境熏陶和社会实践,帮助孩子逐渐树立起来。不要让孩子觉得一切都是理所当然的,不要让他觉得别人的每一份付出都与自己毫不相关。孩子如果在待人接物时不能怀有感激之心,那么就无法建立和谐、融洽、温馨的人际关系。

现如今,不懂感恩的孩子不在少数。娇生惯养的孩子很难体会到长辈的爱心,我们小区就常有些妈妈抱怨:"现在的孩子太不长心了,连一句谢谢都不会说。"

那么,究竟是什么原因,让孩子连个"谢"字都不会说?

其实,孩子不懂礼貌也不是天生的。在一个家庭中,如果家长有礼貌,家人之间相互讲礼貌,他们再要求孩子讲礼貌,那么孩子说"谢谢"会自然而然；相反，如果家长自己平时都不使用礼貌用语，反而告诉孩子要说"谢谢"，这确实有点强人所难了。

我见到还有些家长，对孩子不向别人道谢的行为睁一只眼、闭一只眼，认为都是些小事儿，无须锱铢必较。如此一来，孩子会误认为自己的行为没有什么不妥，往后的行为可能会更加出格。

也看到过一些家长，在孩子说了谢谢或表达过谢意以后，依然重复地让孩子说"谢谢，谢谢"。这种画蛇添足的行为，很容易影响孩子对"谢谢"的理解，或者引起孩子的逆反心理。

我们不应该简单粗暴地逼孩子说谢谢。孩子年龄小，是非概念并不很清晰，自我意识又占主导位置，他们的很多言行较难控制，这就需要我们在教育时具备很强的耐心，否则，极易引发孩子的反叛情绪。

要着重强调一下，在孩子心情不好、不愿意主动说"谢谢"时，千万不要把孩子定义成一个没有礼貌的孩子，要理解孩子的心情，并适时加以引导，慢慢孩子就会有改观。相反，如果我们随意给他贴标签，只能让孩子"如你所愿"。

其实，教孩子说谢谢这件事并不难。

03　礼仪是讨喜的前提

好孩子彬彬有礼，走到哪里都是"万人迷"

我们应该从孩子懂事起就告诉他，无论别人帮他做了什么，即使真的微不足道，也必须表达谢意，将说"谢谢"变成孩子的一种习惯。孩子越早认识感恩和善良，长大以后就越容易掌握。在孩子还小的时候，说"谢谢"也许只是一个行为反应，但长大以后，他们会理解其中的含义。

平时，鼓励孩子多参加集体活动。现在的大多数孩子都是独生子女，从小就衣来伸手、饭来张口，他们已经习惯了爸爸妈妈的照顾，并且觉得这是应该的，因而凡事以自我为中心，不懂得感激他人。这样的孩子在集体活动中很难和同龄伙伴和睦相处，也不懂得感谢别人为自己所做的事情。只有在集体活动、集体交往中碰了几次钉子之后，他们才会意识到，想要受到别人的欢迎，就要想到他人，要感谢他人。

最后呢，是教会孩子"谢谢"之后的感恩。虽然现在政府开放了二孩政策，但大多数孩子仍是家中的"独苗苗""小皇帝""小公主"，一家六口围着孩子转，觉得孩子还小，为他做任何事都是天经地义的，这万万不可。

当然，我家川川也不是神童，很小的时候，喝水要帮他倒，衣服要帮他穿，吃饭要喂给他，但我们一直在教孩子感谢，不光是要他学着说谢谢，还要让他知道感谢的原因。比如，你看妈妈做了这么好吃的饭，你是不是要谢谢妈妈呢？爸爸抱着你玩耍，应该对爸爸说什么？奶奶给你买了这么好玩的玩具，宝宝快谢谢奶奶……让孩子从小就知道，他所拥有的一切，都不是理所当然的，他所得到的一切背后都有别人的付出，哪怕家人的爱不求回报，也要在情感上有所回馈，即使回馈的只是一句简单的谢谢。让孩子知道，我们说谢谢是为了让对方知道我们内心多么感激，而不是完成一项冷漠的流程。

但感恩不只是孩子的功课，作为家长，我们更应该以身作则，不要让孩子觉得只有他在说谢谢。当孩子为你做了某件事时，千万别忘了及时送上一声"谢谢"。

我们应该让"感恩"成为家庭惯例和全家人快乐的生活方式，营造温馨快乐、和善感恩的家庭氛围，那么我们和孩子都会发生积极的改变。

孩子有点势利眼，爸爸妈妈得管管

有个网友最近很苦恼：

我家孩子有点"势利眼"，他心里好像就没有平等待人的概念。平时在班里，他只跟家境富裕的同学来往，对那些普通家庭的孩子则不冷不热；他只跟学习成绩好的同学互动，对那些学习成绩差的同学则冷言冷语。他的这种做法，让同学们很不满，尤其是一些来自农村的学生，他们感觉自己受到了他的歧视，于是就不和他交往了。

在家里，他也是这样，平时对那些有钱有势的叔叔阿姨就很亲切，见了面后小嘴特甜，一口一个"叔叔"，一口一个"阿姨"地叫。而对于家里的穷亲戚，他则看不上眼，既然看不上眼，那也就没有这么热心了，见了他们时，都是爱搭不理的。

上个周末我在家，他一边吃水果一边看动画片，做清洁的阿姨正在打扫房间。他或许是不小心，把果皮弄到了地上，于是我教育他说："阿姨刚刚扫过地，你要尊重阿姨的劳动成果。"谁知他没有丝毫愧疚地反驳我："你付钱给她，不就是让她做清洁吗？我为什么要尊重一个清洁工啊？"

当时，清洁阿姨就在旁边，字字句句听得清清楚楚。我是又惊怒又尴尬，连忙向阿姨道歉，也要求他马上道歉，但他死活不肯。最后，我只好狠狠地批评他一顿，还禁了他一个星期的水果和动画片。

我和妻子平时工作特别忙，孩子大部分时间都由爷爷奶奶看护照顾，我也知道，自己的父母挺势利的，但没想到对孩子的影响这么大。

许多孩子小时候都有势利倾向，不能做到平等待人，一视同仁。这一方面固然有孩子不懂事的地方，一方面也折射出父母教育的问题。因为父母的疏忽，造成了孩子从小就不能平等待人的问题。而孩子是否能够平等待人，在一定程度上决定了他们在以后的人际交往过程中是否成功，也就决定了孩子将来能否成为一个成功的人。

试想，谁会喜欢一个不懂尊重为何物，只以金钱和职业评价高低贵贱的人呢？

孩子的本性是纯真可爱的，是我们给他们染上了功利色彩，不管是不是无心之过，这都是我们为人父母一个极大的失误。

03　礼仪是讨喜的前提

好孩子彬彬有礼，走到哪里都是"万人迷"

就像小鸡破壳而出就会跟着母鸡啄食一样，孩子天生就是模仿高手，而且孩子的模仿行为很多时候大人根本控制不了。比如，很多人说话结巴都是小时候模仿别人导致的，为什么模仿这个呢？无非就是觉得好玩，大人三令五申"不准学"，但无济于事。同样，那些不好的品质和习性，只要家里有人在做，孩子就会下意识地模仿。他自己并分不清好坏，当时只是觉得世界就是这个样子的。

有些父母或是孩子的祖父母，受的教育少，从小吃了文化低的亏，其中一部分人可能就变得非常势利。他们甚至会明确要求自己的孩子：

——"不要和那些穷孩子交往，他们以后帮不了你的！"

——"不要和学习成绩差的孩子一起玩，成绩会跟着变差！"

……

父母的势利心，导致了孩子纯真的童年开始功利化，这是值得我们深刻思考的问题。

我至今仍对小时候的一件事记忆犹新。

当时，邻居张婶没有工作，骑着自行车走街串巷卖冰糕，有时卖不完剩下的，就会分给我们这些附近的孩子吃，我们因此都很喜欢张婶。

那是一个周末，我在街上遇到张婶，正愉快地打着招呼，一位老奶奶拉着她的孙子从我们身边路过。她看了张婶一眼，然后拍拍她的孙子说："我跟你说，你要是不好好学习，以后就只能跟她一样卖冰糕了，记住了吗？"

凑巧的是，那个男孩竟然是我的同学，我当时气得小脸通红，要上前和他们理论，张婶却轻轻拉住了我，笑了笑，示意我不必理睬。

老人的做法，无疑给孩子灌输了一种歧视概念。长此以往，耳濡目染之下，孩子极有可能变成一个很势利的人。

据说，我的这位小学同学，现在在同学圈里的人缘非常差。因为他是那种典型的用到谁就结交谁的人，喜欢巴结混得好的同学，在境遇差的同学面前又非常爱表现自己的优越性。结果，混得好的同学不屑与之为伍，境遇差的同学也避而远之，或许只有他自己自我感觉良好吧。

孩子的一切都是向大人学的，孩子就像一张空白的磁盘，平时所见所闻都会被拷贝给他的大脑。

父母的某些倾向，会对孩子造成很大的影响。如果孩子周围都

03　礼仪是讨喜的前提

好孩子彬彬有礼，走到哪里都是"万人迷"

是势利眼，那么孩子想不势利也很难。所以，要改变孩子势利的心理，我们还是要从自身做起。平日里，我们在为人处事、接人待物中，应避免出现偏见和歧视，真正做到平等待人，和谐处事。

记得有一次带川川去商场买新衣，导购小姐很是周到热情，川川那时年龄小，不太配合，导购小姐不厌其烦地帮他选衣服、试衣服。我心中暗想：这家店的导购真不错，以后可以多来这里给川川买衣服。

这时走进来一对祖孙，衣着非常朴素，但还算干净。小女孩似乎对店里的一件粉色连衣裙很着迷，漂亮的大眼睛一眨不眨地盯着看。突然一道冰冷的声音传来："那裙子颜色浅，不买别用手摸。"

我诧异地看了一眼导购，她怎么可以这样对孩子说话。老人显得有些尴尬，但还是和颜悦色地问道："这条裙子多少钱啊？"

"398元，不打折的！"那意思好像在说，买不起你还问什么问。

我拉起川川说："这里没有合适的衣服，我们去下一家吧。"转头对导购道了一声，"麻烦了"，便带着川川快步离去。

川川年纪小，完全听不懂导购的话外之音。离开的时候，川川还对我说："妈妈，那个小姐姐好漂亮。"我笑笑，对他说："是啊，和我们川川一样漂亮，也一定和我们川川一样懂事、聪明。"

片刻之后，我问川川："你觉得小姐姐除了漂亮之外，还有什么优点？"

"她很干净啊，也很乖，听奶奶的话。"

我轻轻捏了捏川川的小脸蛋，说："我们家小帅哥都会发现别人的优点了呢！"

俗话说，"尺有所短，寸有所长"，人各有各的优势。对孩子而言，就是要让他们积极发现每个人的优点和长处，从而做到平等待人。每一个优秀的人，也总是喜欢把眼睛放在别人的闪光点上。

其实，在每个人的周围都存在着很多不同的人，他们可能身份地位、家庭状况都存在着差异，但是他们都是平等的人，没有谁可以凌驾于谁，只要坚持自己的立场，就都拥有独立的尊严。我们在教育孩子选择朋友的时候，必须引导他们从平等出发，让他们用真心去对待每一个身边的人，这样孩子必然能够收获真挚的友情。

尊重老师，是父母和孩子必须有的品质

上学期，川川班上来了一位新的班主任老师，可是，听川川说，这位老师似乎不太讨班里同学的喜欢，因为，她太过严厉了。

川川似乎也不太喜欢这位新班主任。他说，老师整天绷着一张脸，几乎从来没有看到过她笑的样子。还说，老师常常要他回答一些特别难的题目，他要是答不上来，就会受到批评。

每每此时，我都会耐心地告诉川川：老师的最大心愿，是希望学生进步，期待学生成才；老师的最急之处，在于学生学习退步，不求上进；老师的最大安慰，是自己的教学效果好，学生满意；老师最担忧的事，是学生对学习马马虎虎，得过且过。老师之所想、所急、所喜、所忧，都表现在对学生的教育和教学上。她严厉一点，

其实是为你们好。

那天,川川又被老师批评了,心里闷闷不乐。回到家,他就冲着我抱怨道:"我好讨厌这个老师呀,整天都是面无表情的。"

"你在说什么呢!"我看着川川问道。

"我在说我们的班主任,她是个没有笑容的人。"川川嘟着小嘴说。

我走到川川身边,看着他,严肃地对他说:"你必须知道,尊师是一个人必备的品德,所以你不能这样说老师。也许老师希望在你们面前树立威严的形象,所以有时会不苟言笑,但是,妈妈相信,每个老师都有同样的愿望——希望自己的学生能够进步。明白妈妈的意思吗?"

川川的小脸红了起来,不好意思地点了点头。

在学习过程中,孩子很容易对老师产生偏见,比如,"老师对我特严厉""老师不喜欢我""老师总喜欢批评我",等等。其实,大多数老师对孩子都是一视同仁的,只是孩子的自我感觉容易出现偏差。

而如果我们听任孩子对老师产生偏见,那么无论是对教育事业的发展,还是对孩子的自身成长,都会有十分巨大的危害。因此,在孩子对老师产生偏见后,我们一定要努力劝阻,以一种温和的姿态,劝导孩子,消除孩子的偏见。

对老师的尊敬,有利于孩子听老师的话,更快地进步。我们教

03 礼仪是讨喜的前提
好孩子彬彬有礼，走到哪里都是"万人迷"

育孩子尊敬老师，不仅是对学校工作的支持，更是对孩子的关心。

父母的态度，直接影响孩子和老师的关系，也直接影响孩子的健康成长。

我有一位远房亲戚，护孩子护到了极点，生怕孩子在学校吃一点亏。

有一天孩子放学，她问孩子："今天怎么样？"

孩子回答："我不喜欢陈老师，她也讨厌我，今天我一直举手，老师却只叫别的同学回答问题。"

听到孩子这样说，她立刻火了，马上打电话到学校，一口气说出了对老师的不满。当校领导找陈老师了解情况时，陈老师感到很意外，而且对这位母亲的指责也感到非常委屈和气愤。

事实上，陈老师根本没有厌恶这个孩子，而这个孩子的成绩也很好，老师还期望他能担任学习委员呢。当天，课堂上之所以没有叫他，只不过想给成绩差的同学多一些发言机会，没想到竟因为这个受到了投诉。从这以后，孩子和老师之间的关系真就很尴尬了，孩子再也不举手发言了，甚至产生了厌学情绪。

我们通常只能经孩子的口了解他在学校的情况，这种了解往往是片面的。如果我们只相信孩子的话，跟着孩子一起指责老师，受害最大的只会是孩子。

其实，孩子年龄小，对很多事物的看法是不够成熟的，因而很容易对老师产生偏见，而我们，应教育孩子以善意来衡量老师的话、老师的做法，消除孩子的偏见，而不是见不得孩子受一点"委屈"，这样才不会影响孩子学习的效果。

当然，我们也不要过度袒护任何一方。如果的确是老师有错在先，我们不分青红皂白，就对孩子一顿责备，这无异于双重摧残。我们应该是孩子心灵的保护神，不要让孩子在自己最亲近、最信赖的人身上，感到绝望。我们必须主动观察，独立判断，寻求解决之道。

在处理师生矛盾的事情上，我们一定要谨慎，一方面要维护孩子的权益，照顾孩子的情绪；另一方面，要让老师觉得我们是支持他管教孩子的，偶尔的失误是可以理解的，以免出现因噎废食的情况。

老师需要对孩子负责，需要管教孩子，当然有时也就会误解

03 礼仪是讨喜的前提

好孩子彬彬有礼,走到哪里都是"万人迷"

孩子,与孩子产生一些矛盾。在这种情况下,我们一定要引导孩子正确对待老师的误解,并积极化解彼此间的误会,不要让误会越演越烈。

记得还有一次,川川哭着回家了,并要求我们给他转学。

事情是这样的。那天英语课,川川不小心把英语书碰掉在地上,川川连忙弯腰去捡书,结果又不小心把文具盒也碰到了地上,教室里立刻响起了一片笑声。英语老师紧绷着脸把川川叫了起来,让他回答问题,由于紧张,川川结巴了半天也没回答出来。老师生气了,让川川离开教室。

川川说,听到教室的门"哐"一声关上后,心里难过极了:难道自己这么令人讨厌,竟然把自己赶出教室,不让听课!自己平时又不是差等生,为什么要受到这样的惩罚?川川觉得很丢脸,委屈地流下了眼泪,连书包都没拿就回了家,向我们哭诉,一定要我们给他转学。

我们听完孩子的哭诉后,认为这个问题虽小却很严重,处理不好就会影响川川的学习态度。于是考虑了一下,由老公劝导川川说:"我知道你现在觉得很委屈,但爸爸还是劝你冷静一下。你说要转学,我们先不说能否再找到一个适合你的学校,即使你真转学了,也是带着不愉快的记忆,你也会觉得很难再面对现在的同学和朋友了。所以,逃避不是办法,我们还是来解决眼前的问题吧!老师误解了你,你很生气,但你也要为老师着想一下,你看教室里那么多人，老师又不是神，根本没办法对每个同学每一件事都处理得公平合理。况且这个老师以前对你不是很好吗？我相信她一定不是故意针对你，说不定她现在也在后悔不该对你火气那么大呢！"

川川慢慢冷静了下来，但他还是有疑虑："可我再见到她说什么呀？"老公笑了："这么聪明的儿子还不知道吗？解释啊！误会是可以解开的。"

川川告诉我们，第二天他在走廊遇到英语老师，就勇敢地走上前去，解释自己昨天并非故意扰乱课堂秩序，结果老师也有点不好意思地笑了，并承认自己确实误会川川了，还让川川放学后等一会儿，把耽误的课补上。一场误会就这样烟消云散了。

在这里，请允许我给优秀的老公和懂事的儿子点个赞。

一般来说，老师和学生间产生矛盾或误解，都是由学习活动引发的。老师都希望学生能学好他们教的课程，认真听讲，尊重他们的劳动。老师围绕学习进行批评，应该说动机都是善意的，也都是对孩子的高标准、严要求。但有的老师批评孩子时，也会出现些失误或言词欠妥，在事实上有些出入，从而引起孩子的抵触情绪。被

03　礼仪是讨喜的前提

好孩子彬彬有礼，走到哪里都是"万人迷"

误解的孩子会认为老师看不起自己或故意和自己过不去。

遇到这种情况，我们首先应该让孩子明白，老师是人不是神，也是会犯错误的，这并不影响老师的形象。如果老师错怪了你，可以跟老师平心静气地沟通，交代清楚事情的来龙去脉。

然后，我们要引导孩子站在老师的角度设身处地地想一想：老师是不是故意针对你？你的言行有没有什么误导？通过换位思考，孩子就会认识到，班级里那么多同学，老师要想真正做到面面俱到是很困难的。所以师生间出现误解，作为学生，应本着有理让人、无理认错的态度，去改善师生关系。

有一种情况是，有一些孩子在学校里与在家中的表现完全不同。在家里又懂事又听话，是一个很乖的孩子，可一到学校，就情绪低落，不爱学习，表现糟糕，经常受到老师的批评，也经常顶撞老师。这时候，我们要主动、心平气和地与老师沟通，向老师提供孩子在家的一些日常表现状况，让老师也了解孩子的另一面，消除老师对孩子的误解，从而让老师对孩子的行为有一个客观全面的评价。在此基础上，我们再积极配合老师，教育好孩子。

当看到孩子因为做错事受到批评心里不快时，我们要平和亲切地告诉他："孩子，当一个人爱你、对你负责时，才会批评你，其目的是让你认识到自己的错误。"让孩子明白，原来老师批评自己，是对自己负责，是对自己好，是爱护自己的表现。另外，要让孩子明白被老师批评的原因。老师批评学生，肯定事出有因。比如，课堂上不认真听讲，破坏课堂纪律；不遵守队列秩序；课下不团结，欺负同学；私拿别人的文具；不认真完成作业；和老师撒谎，等等。我们平时都要有针对性地来教育和引导孩子，通过和孩子聊发生在学校里的事，把预防性教育做在前面，让孩子明白有哪些事容易受到老师的批评。只有这样，才能让孩子在受到老师批评时，从心底里愿意接受，并加以改正。

　　事实上，老师和家长一样，所做的一切都是为了孩子的健康成长，家庭教育和学校教育相结合才会取得良好的教育效果。教育孩子不是光靠老师或家长就可以的，老师与家长不是矛盾对立的两面，而应该成为教育的合力。所以，老师、家长要互相理解、体谅。

04

这样，不可以！

扒一扒孩子的社交病，对症下药解决病情

孩子的自私,常常来自我们的灌输

一位论坛网友说,父母对她伤害最深的一件事,莫过于养成了她自私自利的性格。以至于她在人际交往中屡屡碰壁,却完全不知道自己错在哪里。后来花了好多时间和精力,才重新在人群中找到存在感。

这位网友说,从小她就不愿意分享。有一次,同桌在课间休息时拿她的MP3听了一会儿,她就怒不可遏地将同桌的课本扔了一地。

她说,这都是从妈妈身上学来的。

"我的妈妈生在一个知识分子家庭,姥姥姥爷工作忙,很少去照顾她。尤其是姥姥,为了自己的发展,几乎月月都要出差,妈妈

04 这样，不可以！
扒一扒孩子的社交病，对症下药解决病情

一年也见不到姥姥几次。这一家人，可以说都是在各人顾各人。

"因为从小就养成了只顾自己的习惯，妈妈结婚以后也没能改变。她和爸爸有着界限分明的空间，她的书房别人不可以随便进，她的东西别人不可以随便碰，因为那些都是她的，只属于她的；她经常在钱上跟爸爸斤斤计较，尽管他们收入都挺高，但妈妈经常因为爸爸给奶奶一点儿生活费而发脾气。事实上，即便是跟姥姥姥爷，妈妈也是如此计较。但是，妈妈在给自己买东西时却毫不吝啬，昂贵的化妆品、名牌时装说买就买。爸爸开始很不习惯，两人为此吵过很多次，最后，爸爸发现妈妈的自私已根深蒂固，也只好对她做出了妥协。

"妈妈还把这种思想传递给了我。有几次，我把自己的课外读物借给了小朋友看，结果妈妈每次都要训斥我一番。妈妈说，他们有自己的爸爸妈妈，他们想看课外读物，应该让自己的爸爸妈妈买，而不应该借别人的，这是在占别人的便宜。在被妈妈骂了几次以后，我也变得特别小气，我的东西谁也不借。

"后来，我越来越像妈妈了，我的房间别人不能轻易进，就算爸爸妈妈也要得到我的允许，我的东西一律不许别人碰，谁动了我就跟谁急，包括爸爸妈妈。

"于是在班级里，我成了最不受同学欢迎的人，同学们都认为我既自私又小气，不愿意和我一起玩。我特别伤心也特别困惑：伤心的是，我得不到别人轻易就能得到的友谊；困惑的是，妈妈就是这样做的，我当时不知道这样做错在了哪。"

　　自私，令孩子过分关心自己，只注意自己的欢乐和幸福，很少考虑他人，一切以满足自己为主。或者在金钱和财物上吝啬贪婪，自己的东西不愿与人分享，而别人的东西却是拿得越多越好。这样的孩子不可能受欢迎，因而很难与人交往，很难获得知心朋友。

　　自私的孩子长大以后，仍会一切以自我为中心。生活中，因为利益、处境、喜好各不相同，人与人之间就需要做出妥协，而心灵一旦被自私浸染，就很难向人妥协，从而引发他人不满。如此一来，没有了和谐的人际关系，孩子的人生道路只能越走越窄。

　　其实，没有哪一个孩子的天性是不好的。每一个个性糟糕的孩子，都是被父母打下了糟糕的烙印。

　　那些狭隘父母的做法，与其说是在教育孩子，不如说是在污染孩子纯真的心灵，当这种污染达到一定程度，却反过来说孩子自私。面对不断成长的孩子，我们有必要扪心自问，孩子的自私，有多少是我们亲自灌输的？

　　教子做人，首先，是要赋予他一颗仁爱的心。

04 这样，不可以！
扒一扒孩子的社交病，对症下药解决病情

　　科林·卢瑟·鲍威尔曾做过里根总统的国家安全顾问，曾经被布什总统任命为参谋长联席会议主席，成为美国历史上第一位担任该职的黑人，也是最年轻的参谋长联席会议主席。2001年1月，他出任小布什政府的国务卿，成为美国历史上第一位担任该职的黑人。

　　鲍威尔上初中的时候，就开始关注研究街头流浪者无家可归的问题。

　　有一次，在从学校回家的路上，他遇到一个流浪汉。鲍威尔就停下来问那个流浪汉需要什么东西。

　　"我需要一个家、一份工作。"无家可归的人感叹道。小鲍威尔为难了：自己还是个小孩子，怎么才能帮他呢？家和工作自己都不能给他呀。于是，小鲍威尔接着问："你还要什么其他的东西吗？"

　　无家可归的人很无奈地笑了一下，带着满脸的憧憬说："我真想能够吃一顿饱饭呀。"

　　鲍威尔很想立刻答应他，可是心里面还是有点担心，父母是否会同意自己的做法。鲍威尔对流浪汉说："你可以等我一下吗？我回去征求一下家人的意见，你一定要等着我！"男孩飞跑回家了。

　　鲍威尔回到家，把事情告诉了爸爸，希望得到他的支持，父亲听罢孩子的述说，欣慰地笑了："好孩子，这是一件非常好的事情，爸爸绝对支持你。孩子，你要记住，我们每一个人都应该关心他人，仁爱是人类最光辉灿烂的品格。"

鲍威尔高兴地点点头，并把父亲的这句话深深地印在了脑海中。

接下来的三天里，鲍威尔在爸爸妈妈和两个姐姐的帮助下，制订计划，采购，做了一百多份的饭，送到他们家附近的一个流浪者的收容所。

在以后的一年时间里，几乎每个周五的晚上，鲍威尔全家都要给收容所送饭。后来，鲍威尔的活动得到了全班同学还有他们的社区的理解和支持，活动不断扩大。

鲍威尔在一篇文章中这样写道：我们每个人都应该关心他人，仁爱是人类最光辉灿烂的品格……这是父亲对我说的话语，它影响了我的一生！

爱的教育应是整个教育的主旋律。

大海靠一滴滴水汇集而成，爱的殿堂靠一沙一石来构建。自小给予孩子同情心和怜悯心，是为了让他成为一个善良的人。

一点一滴的培养，一言一行的引导，仁慈博大的爱心，人道主义的道德，就会在孩子心头扎下根，就会随着孩子的成长而不断扩展和升腾。

培养爱心，最需要的是情感的熏陶和榜样的示范。

每个孩子都是一张白纸，而我们正是涂抹这张白纸的画笔，生活中，做好孩子的榜样，例如，出门坐公车时主动让座，邻居有困难时热心帮忙……一段时间后，你就会发现，孩子也开始为人着想了。

让孩子学会与人分享，尝试一下"给予""付出"所带来的快乐。比如，我们家吃水果或是糕点的时候，就从不让孩子独享，我们起码会分成三份，然后告诉孩子："爸爸妈妈和川川三个人，一人一份。"并且当着孩子的面进行分配，川川在这种生活的细节中，逐渐养成了与人分享的习惯。如果家里还有爷爷奶奶或外公外婆，那么就分成同等的几份，让每人都有一份。

家里有客人来，我们更要让孩子学会招待客人。告诉他：吃饭时，不要只顾自己吃，不要独占爱吃的东西，不要把自己喜欢的食品放到面前，挑来拣去；别的孩子来玩，要鼓励孩子把自己的玩具拿出来分享，把自己爱吃的东西也分给小朋友一些。

我们还可以和孩子一起玩游戏，大家扮演各种不同的角色，帮助孩子认识到人与人之间的关系应该是怎么样的。通过这些游戏，孩子会了解自己与身边人的关系，如爸爸妈妈怎样爱护自己，然后意识到有关系的人们之间的关系，如老师怎样爱护和教育小朋友，司机怎样有礼貌地对待乘客，医生怎样关心爱护病人，等等。孩子通过体会他人的感受，就会从"以自我为中心"，转变到换位思考，从而学会为他人着想。

此外，我们还可以故意安排一些情景，直接教会孩子应该怎样付出爱和关心别人。比如，有时我们会告诉川川，爸爸妈妈生病了，或是爸爸妈妈太累了，然后告诉他应该怎样去做。这样做，不但有助于训练孩子克服自私自利的不良性格，还可以培养孩子为他人着想和独立处理问题的能力。

宝贝，不要轻易怀疑你身边的人

大多数人选择朋友是以对方是否出于真诚而决定的。在怀疑的心态下，一个人常常会歪曲地理解别人善意的、正常的言行。例如，别人赞扬他，他会怀疑是在挖苦、讥讽他；别人批评他，他又会怀疑是攻击他；别人忙，没时间理他，他怀疑别人是在孤立他。

狭窄的心胸使他无法容纳别人对他的评价，也就无法找到正确的生活判断。这种人心有疑惑，不愿公开，也少交心，整天闷闷不乐、郁郁寡欢。由于自我封闭，阻隔了外界信息的输入和人间真情的流露，便由怀疑别人发展到怀疑自己，变得自卑、怯懦、消极、被动。这样便不能轻松自然地与人交往，久而久之，不仅自己心情不好，也影响到人际关系。

有些孩子疑心也很重。老师让他回答问题的次数少了，他就猜想老师可能不喜欢自己了；朋友没有看到他，他就认为朋友肯定对他有意见了……孩子被这些莫须有的东西困扰着，天天精神紧张、情绪低落。如果孩子对什么都持怀疑的态度，并且为自己的怀疑去搜集各种"证据"，这样不但影响孩子的学习成绩，还会给孩子带来心理上的疾病。

16岁应该是朝气蓬勃的年纪，可朋友家的孩子小秋却与别人不一样。听朋友说，他们也是最近几个月才发现孩子变得很奇怪，很多疑。起初，他们以为小秋正处在青春期，是正常现象，也就没太在意。可又过了两个月，小秋的反常表现不但没好转，还越来越多疑，老是担心吃的饭里有人下毒，觉得别人在背后骂自己，有人跟踪自己，等等。朋友一家这才重视起来。

小秋从小品学兼优，在家人眼里是个努力上进的好孩子，今年，他以优异的成绩考上了市里的重点高中，刚上高一，却出现这样的情况，朋友很担心，将小秋带去咨询心理医生，结果指向：猜疑症、被害妄想症。

猜疑是孩子心底的"暗鬼"，是良好人际关系的"腐蚀剂"，是人与人之间的"离心机"。孩子若有了猜疑之心，我们必须尽早帮助他走出误区，避免他遭受猜疑带来的伤害。

04 这样，不可以！
扒一扒孩子的社交病，对症下药解决病情

02

前些天，我给川川带去学校买资料的钱被他弄丢了，虽然数目不大，但是毕竟是他的过失，于是批评了他几句。川川也很郁闷，小脑袋做冥思苦想状，想要找出来究竟是在哪个环节丢的。后来川川跟我说，他怀疑班上的一个同学，因为他昨天的言行举止有些可疑。

川川和这个同学本来很要好，但前段时间因为大扫除的事情有些不愉快。所以虽然川川越想越肯定自己的想法，我还是觉得他带着很强的主观情绪。那个孩子，平素学习和品行都非常好，有着很好的家庭教养，料想也不会因为一点矛盾做这样的事情。

最后，我反过来建议川川不要再纠结这件事了，生活中因为马虎而丢东西的事情很常见，自己马虎了以后吸取教训就行了。其实跟买资料的那点钱相比，我更希望孩子能有个好的心态，不要轻易去怀疑朋友。

我之所以放弃这个教育川川不可马虎大意的机会，一方面是出于对那个孩子的了解和信任，另一方面我觉得朋友之间最大的敌人是怀疑。

孩子在这个世界上不可能是一个孤立的个体，他长大以后或多或少都会与周围的人建立关系，既然会建立关系，而人又是情感动物，所以自然而然会与周围的人产生感情。亲情、友情、爱情都是人世间最珍贵的感情。真正的朋友是相互信任的，需要尽量去避免信任危机带来的悲剧。

看着川川依然心有不甘的样子，我先是给他讲了一个故事：

从前，有个住在海边的小男孩，他每天都要到海滩上玩耍，海滩上有许多觅食的海鸟，男孩每天都要从家中带些食物来喂它们。日子久了，海鸟们对男孩非常亲热，常常飞到男孩的手上取食。男孩坐着看海时，海鸟也会环绕在男孩的身边。

有一天，男孩的父亲路过海边，远远望见一群海鸟环绕在儿子的身边，非常亲热的样子，心中就有了主意。晚上，男孩回家后，父亲对他说，要他明天趁海鸟飞下来时，抓一只回来玩玩。男孩开始极不愿意，但经父亲再三要求，心想海鸟数目众多，抓一只也无所谓，只要自己抓回来后能好好待它，总好过天天在海滩上争食。

第二天男孩来到海边，他带来了比平时多一倍的食物，可是海鸟们只是在上空盘旋，无论男孩怎样引诱，就是不肯飞下来。一连好多天都是如此，男孩百思不得其解，他想：这群海鸟朋友为什么会背弃我呢?

故事讲完,我问川川,你知道海鸟朋友为什么不再喜欢男孩了吗?

川川想了一想,又摇了摇头。

我告诉川川,信任是人们发自内心的一种情感,很多时候,它并不需要特意表现出来,但好朋友之间却能相互感受到。同样的道理,怀疑也是一样,如果你对一个人产生怀疑,那么即使你不说出来,也难免会不知不觉流露出来。你看,藏在心里的想法,就连海鸟都感觉得到,更何况人呢?很多时候,一旦你内心怀疑了某个人,那么你会越来越觉得事情可疑,就连一些本来觉得没什么相干的事情和细节,都会越看越觉得蹊跷。所以,你才会越来越怀疑他啊,但事实上,这只是你的猜疑心搞的鬼。

川川好像是懂了,但仍不能完全释然。他的孩子心思,似乎觉得把过错都归于自己,有点难以接受。我决定在笑声中再启发他一下。

看着川川纠结的小模样,我又给他讲了这样一个笑话。

有一个人想挂一张画。他有钉子，但没有锤子，邻居有锤子，于是他决定到邻居那儿去借锤子。就在这时候他起了疑心：

——要是邻居不愿意把锤子借我，那怎么办？

——昨天他对我只是漫不经心地打招呼，也许他匆匆忙忙，也许这种匆忙是他装出来的，其实他内心对我是非常不满的。对什么事不满呢？

——我又没有做对不起他的事，是他自己在多心罢了。要是有人向我借工具，我立刻就借给他。而他为什么会不借呢？

——怎么能拒绝帮别人这么点儿忙呢？他是不是还自以为我很依赖他，仅仅因为他有一把锤子！我受够了。

于是他跑到邻居家门口，按响门铃，邻居开门了，还没来得及说声"早安"，这个人就冲着邻居大喊道："留着你的锤子给自己用吧，你这个恶棍！"

川川听得笑了出来，说这个人好有趣，明明都是自己以为的嘛，却怪别人。

我摸了摸川川的小脑瓜，问他，那你觉不觉得你刚才的那些怀疑，和这个人有些相像呢？

川川吐了吐舌头，说："妈妈，我明白了。明天上学，我就主动和小旭和好。"

我很欣慰地对川川笑了笑，我的目的达到了。

"那么川川，我们再来谈谈马虎大意这个问题！"

川川的小脸皱成了个"囧"字。

在人际交往中，孩子都渴望得到别人的理解，但又不知道如何去理解别人，于是各种猜疑心就滋生了。面对爱猜疑的孩子，我们具体应该怎么办？

当孩子抱怨身边的人和事，陷入猜疑之中时，我们要教育孩子用理智克制冲动情绪的发生；应当立即帮助他寻找产生怀疑的原因，"换个角度想想"，在没有形成循环思维之前，引导他用正反两个方面的信息思考，冷静思索有助于看清问题。

误会也是导致孩子猜疑的重要原因。生活中，孩子难免与父母、老师及小伙伴发生误会。误会是滋养猜疑的温床，消除它的方法是积极为孩子做好情感交流工作。我们应引导孩子多与人接触交往，通过聊天、游戏等活动，增进孩子与我们、与周围人的情感交流，培养孩子与小伙伴间的信任情感。

我们要让孩子学会开诚布公地交流，倾诉心中的疑惑。每个人的心情不可能始终快乐，哪天碰到不顺心之事，可能就会很少说话，或者不搭理别人。此时猜疑可能就会随之产生。我们要让孩子学会不把自己的猜疑埋藏在心底，不去进行假想臆断，而是去与被猜疑者进行开诚布公的交流沟通。只有孩子诚恳地说出自己的疑惑，与被猜疑者推心置腹地深谈一次，才会弄清楚事实的真相，才能够冰释前嫌，孩子心里的疑虑消除的同时，友谊也会重新建立起来。

孩子心胸狭窄,这样让他大度起来

有一次我带川川去书店看书。那是文化宫附近的一家小书店,书不是很多,看书的人也少。川川第一次去书店,显得有些兴奋,一进去就大声对我说:"妈妈,这里的书跟咱家一样多!"我赶紧制止他大声喧哗,告诉他在书店要保持安静,不能打扰别人读书,否则会成为一个不受欢迎的小孩子。

小家伙赶紧压低了声音。

这时,不远处一个三四岁的孩子在书架前叫着"妈妈,妈妈"。应该是他想看某本书,但个子小,够不到。

我刚准备去帮助他,他旁边一个七八岁男孩走了过去,很凶地对他说:"瞎吵什么!这里不是吵闹的地方。"然后拿起一本书向远一点的椅子走去，边走边抱怨那个打扰他的小孩。

我看着冷漠气愤的大孩子，以及一脸委屈的小孩子，心中不禁一怔。这个孩子是爱学习的，但他还没有学会如何去体谅人。

我想，今天他在书店里能这样对待一个小自己很多的孩子，那么平时在生活中，或许也是缺少体谅和宽容的，很有可能这样对待身边的家人、伙伴和同学。

我们都知道，越小肚鸡肠的孩子，越不受欢迎。即使他学习再优秀，他的成绩再突出，他读的学校再好，在人与人的世界里，他还是应该首先学会如何做人，如何愉快地与人相处。

心胸狭窄会使人吝啬小气，斤斤计较，吃不得亏，总是想方设法弥补"损失"。他们不能容忍别人的批评，不能受到一点委屈和无意的伤害，否则便耿耿于怀、伺机报复；他们容不下那些与自己意见有分歧或比自己强的人，因此人际交往面非常窄。

一个心胸狭窄的孩子，就算有很强的能力，也终会因为不懂得与人合作而被社会所淘汰。

那么，为什么小时候那么天真可爱的孩子，会变得越来越心胸狭窄呢？

这主要还是与生活环境影响有关。

洋洋上小学一年级了，洋洋爸开着自家的"捷豹"把儿子送到学校。洋洋聪明、漂亮、机灵，洋洋爸妈觉得他一定会成为班里的佼佼者。

果然，三天后，洋洋放学回来兴高采烈地向爸妈报告："老师让我当班长了！说我学习好、聪明、能力强！全班同学里只有我获得的表扬最多，其他的孩子都不行！"

洋洋爸妈也很高兴："就是嘛！谁能比得上我们洋洋呢！"

然而半个学期没过去，麻烦就来了。洋洋回家后，总是拉长了脸，向妈妈数落自己的同学不好：

贝贝只不过会跑步，大家都捧他，但其实他是笨蛋；

月月长得漂亮，有什么了不起的，穿得那么土；

……

而且他还向妈妈抱怨同学都嫉妒他，不理他。结果妈妈向老师一问才知道，原来洋洋在班上总是表现得小肚鸡肠，如果班上有哪个同学在哪方面超过了他，他就会反应强烈，甚至诽谤人家，因此同学们都疏远他。

不仅如此，洋洋也不能接受老师的批评。有一次，老师说他学习好，工作能力强，就是工作方法上存在着一些问题，同学关系有时会有一点紧张，希望他能稍微改变一下。老师说得很委婉，也很诚恳，但心胸狭窄的洋洋哪里听得进去。为了这件事，洋洋一连几天拉长着脸，也不说话，他觉得太不公平了，老师怎么能这样对他呢？

洋洋总因为一些琐碎的小事而生闷气，洋洋妈看在眼里，急在心里，有一次聊天她对我说，她现在越来越为儿子担心，担心他这样的性格将来交不到朋友，适应不了社会。

但事实上，这都是洋洋爸妈自己种的苦果。

在这个家庭中，洋洋就是一切，爷爷奶奶、爸爸妈妈整天围着他转，洋洋就是"小太阳"，洋洋的要求从不会被拒绝，洋洋不管做什么，都会被毫无底线地夸奖。这直接导致孩子形成了一种错误认识："我是最好的，谁都不如我。"因此当孩子走出家门，面对更广阔的世界时，他很难接受别人比自己强的现实。

所以，对孩子的爱要有度，才能更好地培养他宽广的心胸。

那么，家长在培养孩子的过程中，该如何善加诱导，规避这种性格缺陷，让我们的孩子成长为一个开朗大方、豁达宽容的人呢？

有三个建议，望采纳。

04 这样，不可以！
扒一扒孩子的社交病，对症下药解决病情

第一，用自己的宽容感化孩子。

我们想让孩子学会宽容，首先自己应有宽容的品质。如果我们本身心胸狭窄，无视他人的意见，习惯于将自己的意志强加于人，不给人发表意见的机会，为一点小事争执不休，为一点小利而斤斤计较，孩子又怎么能学会宽容呢？我们宽容、大度、遇事不斤斤计较，与邻里、同事融洽相处，孩子就会学着我们的样子，处理自己与同学之间的关系，也会变得越加宽容、和善。

第二，增加孩子的社交活动。

孩子心胸狭窄的一个重要原因就是从小和同龄的孩子接触太少，父母处处对孩子无原则地迁就，孩子从来不能站在别人的角度考虑问题，完全以自我为中心。因此，我们应多提供机会，让孩子经常与小朋友玩耍。在玩耍中学会宽容、体谅他人；提高人际交往能力及社会适应能力，养成良好的性格。

第三，不妨让孩子体验一下心胸狭窄的害处。

我们要让孩子明白，如果一个人总是心胸狭窄，别人就会讨厌你，不喜欢和你做朋友，而且做错事时也得不到别人的原谅，会被彻底孤立起来。让孩子自己认识到，心胸狭窄是一件不好的事情，并慢慢地摆脱这种坏习惯，让心胸变得开阔起来。

孩子打架，我们怎么处理比较好

有这样一个男孩：他很聪明，成绩优异、家境优越，父母对他宠爱有加。可他却在13岁那年，用刀捅伤了同学，进了少年劳教所。后来，他对发生在自己身上的悲剧做了反思：

"从小到大，爸爸妈妈给我的教育就是：只要学习好，犯了什么错都不是错，父母都不会责怪我。因此，我变得很任性。可能是任性造成了我的一种霸气，我的个头在班上最高，成绩也好，同学们都很服我。

"爸爸妈妈除了告诉我要学习好，然后就是在外不要吃亏，不要被别人欺负。如果我吃了亏，被别人欺负了，他们肯定会认为我窝囊，没有用。记得小时候，有一次我带了玩具飞机去幼儿园，小朋友们抢着玩,有一个小朋友玩着玩着居然不给我了。我急了,夺过飞机就朝他脑袋上刺去,把他的头刺出了血。家里赔了人家钱,我很害怕,以为回家要被处罚。哪知道,爸爸妈妈并没有责备我。我读小学四年级时打了同学,同学父母找到我家里来,我爸爸向人家赔了不是。送走了人家后,他对我说:'看这小子,懂得教训别人了。'妈妈告诉我,只要不被别人欺负,怎么做都行。

"当我去中学读书时,她对我说,现在的孩子都很霸气,你要是不让别人怕你,你就会被别人欺负。现在回过头来想想,我觉得父母对我的这些教育是不正确的,我在学校打人的行为正是父母错误教育导致的结果。"

这个悲剧也引起了很多父母的反思,于是他们纷纷严厉管教孩子,纠正孩子爱打人的习惯。但是父母虽然有这个良好心愿,但往往不知道怎样教育孩子,而产生反效果。

给大家设置一个场景,思考一下:

淘淘是个7岁的孩子,刚刚上小学一年级,不过半年,他已经给父母惹了一大堆麻烦,为什么呢?就因为他爱打人!上学才三天，就把一个小女孩的膝盖踢破了，后来又把同学的头打破了，再后来还划伤了同学的胳膊……为了这些事，爸爸妈妈骂过他，打过他屁股，可他还是一犯再犯。

有一天，父子正在看电视，电话响了，爸爸接完电话怒气冲冲地拉过淘淘就是两巴掌，淘淘委屈地大哭大叫，爸爸更生气了："说过一百遍了，不许打人，你还敢再犯，今天打死你算了！"爸爸又打了下去，这一次，淘淘竟然挣扎着用小拳头打爸爸，这让爸爸更生气了："真是太过分了，竟然打爸爸！"结果，那天爸爸狠狠地打了淘淘一顿后，把孩子丢回房间去"反省"。

淘淘一个人在地上哭得稀里哗啦，不明白为什么爸爸可以打他，他就不能打人，最后他得出了一个结论，那就是他不能再打同学，只能打比自己小的孩子。

显然这也是很可悲的，爸爸的"教育"只换来了一个消极结果。这都是由教育方式不当造成的，如果父母能够用正确的方式教育孩子，那么孩子的暴力倾向是完全可以避免的。

03

小孩子打架，是成长过程中的正常现象。父母要引导、要教育，

04 这样，不可以！
扒一扒孩子的社交病，对症下药解决病情

让孩子分清勇敢无畏与蛮横粗暴的区别，而不要纵容孩子报复，更不要袒护，也不能不由分说地就收拾孩子。

比如，在上面的场景中，爸爸就不应该抓过淘淘就打，而应该先让孩子知道自己犯了怎样的错误，要指出打人是一种野蛮行为，是为人所不齿的，没有人愿意和打人的孩子玩，再这样下去，他就会失去所有的朋友。

要让孩子讲理，父母首先要明理。

孩子在外面和小朋友打架，回家后不免向父母诉说一番，有的父母就问："他打你没有？"

"打了。"

"他打了你，你怎么不去打他？"

父母把敢不敢与人打架看作孩子有没有竞争意识，而且不断地向孩子灌输这样的观点："太老实了容易受人欺负，就得以血还血，以牙还牙，反正不能吃亏！"

这种教育方法是很危险的，父母们应该知道，这样的所谓算账和报复，只会使孩子之间的打斗更进一步升级，而且可能使无意的伤害转变为有意的报复。有些孩子还会错误地认为父母总是偏向自己，即使自己不对，先打了人也无所谓，最后就变本加厉，肆无忌惮起来。在这种教育方法下，孩子很容易变成一个"占便宜没够、吃亏难受"的人，这样的人无疑不会被社会所接受。

我们应当让孩子意识到，打人是一种让人多么不能容忍的行为。川川在和别的小朋友打架以后，我会用对比法给他分析问题："川川，如果有人打破了你的头，让你流血了，那妈妈一定会非常伤心，非常难过，因为妈妈爱你，希望你永远平安。其他的小朋友也有妈妈，他们的妈妈也爱他们，你如果打伤了那些孩子，他们的妈妈该有多难过啊！"这种对比可以让孩子深刻认识到自己的错误，反省自己的做法。

另外需要重点提醒的是，家长是孩子模仿的对象，如果家长经常用暴力解决家庭教育中出现的问题，孩子就容易在排遣自己的不良情绪时采取暴力。所以，对于有轻微暴力倾向的孩子，家长更不可"以暴制暴"。不要在烦躁的时候处理孩子的问题，待自己冷静下来，理智的时候，再和孩子沟通，向孩子示范如何控制自己的情绪。告诉孩子，如果对伙伴感到生气了，要清楚地告诉对方，他做了什么使你生气，而不是用暴力解决。要学会用时间来淡化冲突，或者在怒气上升的时候做些其他事情来转移自己的情绪。

如果孩子真的挨了打，受了伤，父母最好能保持冷静，倾听孩子的申诉，教导孩子以后尽量避免"用武力解决问题"。同时，也可直接找欺负自己孩子的孩子问清事情真相，教导孩子们应该和睦相处，必要时还可以找对方父母，共同进行教育。

05

教孩子学说话

孩子的有效社交，99% 来自良好的语言沟通

从小，就要教会孩子好好说话

闺蜜生孩子比我晚一点，她家媛媛快 2 岁的时候，还是只会叫爸爸妈妈、爷爷奶奶等几个有限的称呼，语言量非常有限。

后来她问我："我记得你家川川一岁半就会说整句话了，我家媛媛是不是有问题啊，是不是应该带她去检查一下？"

媛媛其实发育得很好，身体健康，聪明乖巧，唯独说话比大部分孩子晚点，闺蜜是真着急了。

其实，孩子说话晚不一定是坏事，有的孩子说话早，有的孩子说话晚，这都是正常现象。很多时候，父母越焦虑，越是不断地纠正和催促，反而越是违背了孩子生长规律，结果适得其反，弄得孩子很混乱。

05　教孩子学说话
孩子的有效社交，99%来自良好的语言沟通

但并不代表孩子说话晚，父母就不需要重视。孩子语言发育滞后，甚至是语言障碍，逻辑不清，我们做父母的就毫无办法了吗？当然不是。

排除先天缺陷，家庭因素是影响孩子语言能力的最重要原因，在这方面，我们家长还是大有可为的。

拿闺蜜家来说。

闺蜜夫妻俩都是河南人，平时两人在家中一直用河南地方话交流，跟孩子说话也用河南话。

闺蜜家经济压力比较大，房贷车贷都要还，只能两个人都去上班。于是雇了一个帮忙带孩子的阿姨。她是四川人，平时跟闺蜜夫妻交流，她尚能使用生硬的普通话，可是单独跟孩子在一起的时候，那就是一口流利的四川方言了。

而孩子呢，日常生活中接触到的人，又大多说普通话。

所以后来，闺蜜家媛媛直到两岁半才开始整句地说话，而且经常是一开口带出三种口音。

另一方面，闺蜜本身就是个有点内向的人。我们几个朋友带娃

一起出去玩，她总是带着娃坐在一旁，盯着手机不放。媛媛就那样默默看着闺蜜玩手机，显得很无聊。我劝过她，在孩子面前少玩手机，多陪孩子玩耍，多跟孩子说话，激发她想要说话的渴望。她总是左耳朵听右耳朵冒，现在孩子说话晚了，她开始着急了。

　　语言的学习，环境是第一要素，身边人的影响至关重要。为什么很多孩子在国内怎么参加辅导班也学不好英语，去国外一两年，就是满口标准的"伦敦音"了？因为他所听到的、看到的、接触到的，都是英语。

　　孩子学说话也是这样。大人不爱说话，孩子的语言输入有限，自然开口就晚，表达能力也不丰富。孩子被输入的语言太乱太杂，自然就会造成感知上的混淆，影响语言的发育。

　　所以孩子的说话能力，与父母的关系最大，父母以什么样的习惯对待孩子，孩子就会形成什么样的习惯，而提高孩子说话能力的最好方法，就是多和他说说话。

　　川川绝对是个开朗活泼、表现力强的孩子，可有一段时间，他也变得不爱说话了。

我记忆犹新,那段时间我和他爸爸都很忙,根本没有多少时间陪他一起玩耍,跟他聊天说话。有时我们正忙得焦头烂额,他却跑过来"捣乱",当时因为心理压力大,所以情绪浮躁,甚至会对川川的行为发火。幸好那时我妈妈在,每每此时,她都赶紧跑过来将川川带走。最后的结果就是,川川站在房间门口,眼巴巴地看着我们流眼泪。

那段时间,川川的脾气变得非常暴躁,经常不明所以地发脾气、摔玩具,问他怎么了,他也不回答。他的话也变得越来越少,以前那个"小话痨",一点点快成了"小哑巴"。

这时我才猛然惊觉,我们的行为已经伤害了孩子。根本无须衡量,我尽量推掉了一些约稿,主动去和川川搞好关系。

我重新开始陪他玩耍,给他讲故事,教他唱儿歌,背唐诗,由简单到复杂,一点一滴陪他进步。

我会问川川:"之前爸爸妈妈的态度是不是不好?"

他点点小脑瓜,然后很懂事地说:"我知道爸爸妈妈要挣钱养川川,可你们能不能先陪川川玩会儿呢?"

我将孩子深深地搂在怀里,说:"妈妈知道错了,以后爸爸妈妈会尽量多地陪川川玩,和川川聊天,好不好?"

"嗯,好,我想和爸爸妈妈说话,和你们一起玩。"川川一脸满足地说道。

川川很快就变回了那个"小话痨",每天小嘴叽里咕噜,根本停不下来，虽然确实让人头大，但我们再不会伤害他渴望说话的需求，适当地引导他，像朋友那样和他交流。有些话也许他还理解不了，但我们愿意"对牛弹琴"，如果我们一直和孩子说话，起码能够增加他的词汇量。

孩子认识世界的方式，最初都是通过父母，他们的小脑袋瓜里也有许多对人对事的看法，鼓励他们去表达的也是父母。父母不能简单地把孩子说话晚、不爱说话的原因归结为生长因素和性格因素，认为是不可改变的，实际上越是早一点重视这个问题，越容易"撬开"孩子的嘴巴，让他变得爱说话。

孩子不敢当众讲话,我们怎么帮助他

在辅导班的妈妈群里,经常有宝妈求助,自己的孩子表达能力差,不敢当众讲话。

薇薇妈说,自己的孩子害羞、自卑,人一多就不敢说话。

奇奇妈说,自己的孩子胆子小、爱紧张,人一多就语无伦次,表达不清。

萌萌妈说,自己的孩子不善沟通,所以朋友很少,不开心。

……

透过手机屏幕,我都能感受到她们深深的忧虑。

现代社会,特别是市场经济条件下的许多场合,敢于、善于当众讲话,是向他人展示自己才能的重要方式。特别是在工作汇报、经济洽谈、理论研讨、艺术交流、诉讼争辩、纠纷谈判……这些场合，当众讲话的能力显得尤其重要。实践证明，敢于并善于当众讲话的人，会得到更多的好印象。因此，他们在求职应聘、提拔晋级以及工作学习中，将会赢得更多的机遇、争得更多的权益、得到更多的尊重、获取更多成功的机会……

在日常生活中，我们也会有这样的体会：

沟通能力强的人能把平平常常的话题讲得引人入胜；沟通能力弱的人即使讲的内容非常好，听起来也会让人觉得索然无味。

有些建议，沟通能力强的人一说就通过了；而那些沟通能力弱的人却连诉说的对象都没有。

同样一件需要与别人商谈的事情，不同的人去面谈，结果大相径庭，有的人不仅达不到 5×5 的效果，甚至连 5+5 都做不到。如果成了 5-5，那就真应验了中国那句古话：成事不足，败事有余。

我们的孩子，如果连与人有效沟通、当众讲话的能力都没有，那么，还谈什么发展呢？在美国，曾有人向 2000 多位老板做过这样一个问卷调查："请查阅贵公司最近解雇的三名员工的资料，然后回答：解雇的理由什么？"结果是，无论什么地区、无论什么行业的老板，2/3 的答复都是："他们是因为不能与别人有效沟通而被解雇的。"

沟通能力，不仅仅是口才问题，实际上是一个人整体素质的外化。培养孩子的沟通能力，就是提高孩子的整体素质。沟通能力的提升，能全面提高心理、思维、表达素质，从而帮助孩子正确认知自我，树立自信，充分挖掘自身潜力。

能从容不迫地站起来面对听众侃侃而谈，会使人的前途无可限量。美国汉弗公司的总裁亨利·伯莱斯通认为："和人们进行有效的交谈，并赢得合作，是每一个正在努力追求上进的人所必须具备的一种能力。"

提升孩子与人沟通及当众讲话的能力，并不是说一定要让孩子成为商界领袖或是超级演说家，而是让孩子学会正确地表达自我，换言之，就是能把自己的想法说出来，不再因为不会说、不敢说而吃亏。

如果我们现在不注意，等孩子长大以后，他们会更让人担忧。不善于表达的孩子，容易被人忽略，因为胆怯，他们生活、工作、恋爱总会遇到许多挫折和障碍。

小表妹许静，人如其名，文静端庄，而且做事认真，为人朴实，在别人眼中也是一个不错的女孩子，就是非常面浅害羞。小表妹说，这已然成了她的困扰。

表妹从小就不爱说话，因为姨母性格比较温和，所以她只是与姨母沟通得多一些。姨夫比较强势，只要表妹犯了错，张口就骂，尤其是家里来客人的时候，姨夫对表妹的要求更是十分严格，小小的表妹在外人面前总是承受着一种压抑退缩的情绪。

表妹上学时成绩中上等，因为性格内向、腼腆，所以一般不会受到老师的批评，但也很少得到表扬，可以说没有多少人关注她。

表妹很害怕在课堂上发言，担心自己说不好别的同学会取笑，一开口就紧张，脸也红得像苹果一样，讲话也不利索了，如果有个别同学嘲笑她，她就更紧张。

大学毕业以后，表妹进入了一家前景不错的公司，工作任务不重，没什么压力，但表妹的心里却放不开，总觉得自己很幼稚不成熟，没有自我感和思想，和同事们总是格格不入，不能融入他们；表妹尤其在意别人对自己的看法和评价，在人多的场合很不自在，每次遇到开会和大众发言的情况，就无法放松下来，全身紧张；一遇到重要的社交场合，表妹就开始担心自己不会说话又脸红，怕当众出丑，有时只好找借口推掉。表妹因此失去了很多重要的机会，上司对此颇为不满，她自己也很痛苦。

很多人和我的表妹一样，因为性格或小时候的一些经历，变得紧张害羞、惶恐不安，不善言谈。他们害怕即将发生的事情出现最坏的结果，他们似乎时刻都在等待着不幸的到来。具有这种消极心理的人，总是有很强的挫败感，会认为某些尚未发生的事存在威胁。

05 教孩子学说话
孩子的有效社交，99% 来自良好的语言沟通

这种情况属于心灵成长退缩后引起的恐惧症，常表现为会议恐慌预期焦虑和大众演讲发言恐惧，这种怯场心理不仅会妨碍人的学习和工作，还会损害身心健康，极大地抑制了人们自身具备的语言潜能的发挥，也使其公众形象在一定程度上打了折扣。实际上，恐惧只是一层窗户纸，如果我们能在孩子童年时期就帮他们捅破它，当他们长大以后，面对再多的人侃侃而谈，也不会惶恐不安了。

想要帮助孩子战胜讲话恐惧，首先我们要弄清导致孩子恐惧的原因。

在儿童心理学分析上，孩子害怕在众人面前讲话，其原因大致有以下几点：

其一，生理、心理的因素。体弱多病，动作迟缓，外貌体态上有缺陷等先天不足，常会使孩子在生活中受到冷落，久而久之，孩子就会感到心理压抑，逐渐形成一种自卑感，在人多时不敢露面，更谈不上当众讲话了。

其二，有的孩子并无生理缺陷，但其神经类型造成他郁郁寡欢。

其三，家庭因素。家长专制、粗暴、冷漠、歧视甚至打骂孩子，

孩子就变得孤僻。

对待第一种类型的孩子，我们应在情感方面给予他加倍的关心与爱护，及时发现孩子身上的闪光点并送上鼓励和赞扬，尤其注意，应在众人面前多列举他的优点，并给他讲一讲有关保尔·柯察金、吴运铎、张海迪等人物的故事，帮助他树立自信心，让孩子感到大家都很关心他、爱护他，这样孩子在众人面前也就敢于表达自己的情感、愿望和要求了。

对于第二种类型的孩子，虽是神经类型造成他们的郁郁寡欢，但父母应给予矫治，鼓励孩子积极参加活动，有问题和有自己的见解后勇于说出来，这样孩子在各方面都能受到锻炼。

第三种类型纯属环境影响，矫治的办法是父母应首先亲近孩子、与孩子建立感情，切忌对孩子管制多、批评多、禁令多，即使是孩子有了错误，也要弄清楚原因，然后再决定批评的方式方法。

事实上，当我们帮助孩子树立了足够的自尊心、自信心和自控能力以后，他们遇到问题后就能够进行自我调节。这样，他们就会渐渐变得活泼开朗，会渐渐形成在大庭广众面前大胆流畅地表达自己思想的能力，抓住一切机遇去展示自己的才华。

宝贝，你不能对别人说三道四

"欣欣可真有意思，明明自己不会还要举手，笑死我们了！"

"李果好笨哦，那么简单的问题都不会！"

"金子尧除了学习好，什么都不好，臭显摆，还爱打小报告，真烦人！"

……

川川每天放学回来，都会迫不及待地把学校里发生的事对我们评述一番，听着听着，就觉得孩子有些挑剔。

于是我批评他："川川，你不能只盯着别人的缺点看，老是挑剔别人这不好那不好，这样会没朋友的。"

川川很敷衍地答了一句"知道了"，情绪明显低落下来，边往自己房间走，小嘴边嘟囔："我又没和别人说过。"

自从被我批评后，川川非但不再向我们评论学校是非了，而且在家里话都少了，我却不习惯了，以前那个活泼的"小话痨"哪去了？

于是吃饭的时候，我开始有意讲一些自己身边的趣事："你赵阿姨，就是媛媛妈妈，有时就像个小傻瓜，前几天……"话刚说完，我就后悔了，猛然醒悟孩子之前的问题出在我身上。事实上，我也有喜欢调侃别人、评论别人的毛病，常常在老公面前"说三道四"，川川耳濡目染，就学会了。

其实，孩子身上的任何问题，都是家长问题的映射。父母爱挑剔、不宽容的行为，会让孩子也成为一个不懂得宽容的人。

这个毛病得改！

有一天，川川夸我做的溜肉段好吃，我马上告诉他："是媛媛妈妈教我的。"

"你不是说媛媛妈妈可笨了吗？"

我赶紧说："媛媛妈妈有时是爱走神，但其实她心灵手也巧，妈妈以前只盯着她的缺点了,你应该批评妈妈。"见川川用诧异的眼神看着我,我接着说:"妈妈发现了一个做人优秀的小窍门,那就是去发现别人的优点和长处,然后学过来。"

"是的,要不然我就吃不到这么好吃的溜肉段了。"川川接过我的话,"妈妈,你做菜不好吃,以后多和媛媛妈妈学习学习。"

我汗颜,心说,我做得不好吃不也把你养得白白胖胖的吗?

以后,我经常在川川面前"表现"从别人那里学来的本事,在这个刻意而为的过程中,我那爱调侃和挑剔人的毛病也被控制住了。想想,我还真得感谢孩子。

川川也跟着学。

川川说:"以前欣欣举手又答不出来,我总是在底下偷偷笑她。现在我发现,如果老师再提出同样的问题,欣欣一定不会说错,而且还能讲出道理。她是班上最勇敢、最爱学习的女孩。我要向她学习。"

川川还说:"李果虽然不是特别聪明,但他诚实、正直、心地善良,你看他长得那么高大,却从来不欺负弱小。而且,李果其实学习很努力的。他也是我要学习的对象。"

"欣欣和李果真棒!川川也很棒,居然能发现同学的这么多优点,还真心地向他们学习。"听到我的夸奖,川川"嘿嘿"地傻笑起来。

父母的榜样作用是给孩子"治病"最好的良药。当孩子出现问题,如果我们能够及时自我反省,父母的改变与进步,孩子都会看在眼里,记在心里,映射在行动上。

03

孩子怎么评价别人,折射出父母原先怎么评价别人,父母是孩子最直接的参照物。往往,我们对待孩子的方式,就是孩子对待别人的方式,这就是身为父母,一言一行的重要性,一评一论的影响力。

在一项亲子活动中,10位家长被要求和自己的孩子做一个叫"角色互换情景再现"的游戏。

游戏是这样的,首先由父母和孩子分别扮演他们本来的角色,再由孩子和父母互换角色,也就是孩子扮演父母,父母扮演孩子来完成这个游戏。在这个游戏中,孩子和父母都表现得非常好。但是,当主持人让父母们评价孩子时,几乎所有父母都在挑剔着自己的孩子,认为孩子表现得并不理想。而当主持人让孩子评价父母时,孩子的表现同样如此,他们根本不对父母的表现予以认可。

这个游戏从另一方面也证明了,挑剔的父母所造就出的,往往都是挑剔、不宽容的孩子。

挑剔别人,虽然在一定程度上指出了别人的不足,但是在挑剔别人的那一刹那也暴露了我们是多么地苛刻。我们应该让孩子明白,你可以挑剔自己,但绝不能挑剔别人。

你要赞美孩子,并教会他赞美别人

黄楠楠今年4岁了,是幼儿园中班的班长。不过,虽然她在学校里很快乐,却非常不喜欢爸爸,因为无论她取得了多好的成绩,爸爸也不会表扬她。爸爸总说:"还行吧,爸爸像你这么大的时候,比你更厉害!"

久而久之,黄楠楠有了成绩,也不会再给爸爸说了。她还不知道,这个世界上有个词叫"负罪感",不过,这种心态已经牢牢地在她的心上扎了根。她对妈妈说:"我不喜欢爸爸!他好像是我的仇人,我做什么他都不满意!"

妈妈对爸爸说了这件事。爸爸很愕然:"怎么会变成这样?我那么说,是为了让她做得更好,绝不是为了打击她!要知道,咱们只有这一个女儿,我非常爱她!"

黄楠楠嘟着嘴说:"爸爸不爱我!爸爸不爱我!"

妈妈看着这对父女,也是哭笑不得。她对爸爸说:"这件事的确是你不对。这么小的孩子,还是应该以鼓励为主,别给她施加那么多压力!"

黄楠楠与爸爸之间的矛盾,就在于爸爸不懂得孩子的心理,总拿对 15 岁孩子的要求,来对待一个还在幼年的孩子。也许青少年通过父母的"反话",会激起一种要强心,一定要让父母看看自己的能力;但是对于小孩子来说,他们根本没有这么成熟的辨别能力,以为父母总是打击自己。久而久之,他会对自己失去信心,更对父母的说教感到反感。

同理,如果孩子不懂得欣赏别人,只知道挑剔别人的缺点,那么,他和谁相处都少不了矛盾,他的人际关系也一定好不了。

人性中本质的需求就有渴望得到赏识、尊重、理解和爱。就精神生命而言,每个人都是为得到赏识而来到人世间的。所以赏识教育作为一种先进的教育理念一直备受推崇,我个人也是赏识教育的忠实粉丝。作为父母，我们真的应该更多地关注孩子的优点和长处，发现并表扬，让孩子在"我是好孩子"的心态中觉醒。但这只是教育成功的第一步，教会孩子对别人赞赏，我们的赏识教育才算真正成功了。

由于各种原因，现在的许多孩子都有"情感冷漠症"，对自己周围的事物漠不关心，反应冷淡，甚至诸多挑剔，尖酸刻薄，长此以往，孩子会逐渐失去与外界进行交流的动力，引发诸多问题。我们如果想让孩子更好地与人沟通，得体地表达自己的心声，就要从小培养他赞美的能力。

有一次，堂嫂因为公司临时有事，托付我去接佳佳放学。我听到佳佳的几个同学，在嘲笑班里一个皮肤比较黑的女同学。佳佳也跟着起哄，说对方是"菲佣"。

"佳佳！这样不可以！"我严肃地制止了她，"佳佳，如果有人这样取笑你，你心里会舒服吗？"

"我……我会感到很生气，甚至想打她！"

"是啊，那你想想，被你取笑的同学，会不会也有这样的情绪？"

"我……姑姑，我再也不笑话她了。"佳佳很不好意思地说。

"其实，你这位女同学的肤色很健康，不是黑，而是小麦色，而且，她的眼睛特别有神，闪闪动人！你不觉得吗？"

"嗯？我想想……姑姑，你别说，认真看，她的眼睛是很漂亮！"

"你还能想出她的其他优点吗？"

"她身体特别好！上次我们去爬山，大家都累得气喘吁吁，只有她面不改色。"

"还有吗?"

"还有……她作文写得非常棒,经常被老师当范文读给我们听呢!"

"你看,每个人都有自己的优点,我们要学会用欣赏的眼光去看人,取人之长,补己之短!"

"姑姑,什么是取人之长,补己之短?"

"就是说,我们要学会发现和欣赏别人的优点,学习别人的优点,弥补自己的不足。"

"我会的,姑姑。"

"你能说出你同桌身上的闪光点吗?"

"他英语特别好,尤其英语发音,特别准,我真羡慕他!"

"那么,你们班上学习成绩最差的同学,有没有优点呢?"

"他?学习差,性格也不好,好像没什么优点……不对,也有优点,我们学校开运动会时,他短跑每次都能拿到好名次!"

"所以说,每个人都有自己的优点,哪怕是平时在你看来一无是处的人,只要你愿意去发现。"

"佳佳,如果你能发现每个同学的优点,并真诚地欣赏他们、赞美他们,再加上你自己的良好表现,我相信今年你一定能如愿以偿地当选学习委员!"

"真的吗?"

"即使你学习成绩不是最好的,但只要你能得到同学们的喜欢和支持,就一定行!"

"我听姑姑的!"佳佳一脸的跃跃欲试。

还真不错,下半学年,佳佳果然当上了他们班的学习委员。

我们以身作则,引导孩子欣赏、赞美他人,孩子就会以一颗平和、美善之心去面对身边的人和事,他就不会自以为是、眼红嫉妒、骄横跋扈,也会成长得非常快乐。

孩子在赞美别人的过程中,也会收获别人的喜爱,也会在比较、学习中成长进步,久而久之,这种良好行为就会"习以为常",成为孩子个性中的一部分。随着孩子的成长,在他的道德观和价值观日趋完善以后,这种赞美和欣赏别人的行为就具有了特殊的意义。

要养成孩子赞美别人的美德,就需要从小进行培养。孩子在3岁以前主要是在家庭中生活,这是我们进行教育的良好时机。

我们首先要通过孩子的视觉、听觉,让孩子感受世间一切美好的事物,如颜色绚丽的图片,模样可爱、会发出各种声音的玩具,能使孩子的视觉产生美好的刺激的家中的一切陈设等。我们应经常用语言向孩子讲述这些"美"的东西，例如，"看这个图片中的小姐姐多漂亮呀！老奶奶多慈祥呀！"虽然孩子不能理解你说的语言，但是孩子通过眼睛看到的，耳朵听到的以及爸爸妈妈愉快的表情，一种"美"的感受会在孩子的大脑中保存下来。

随着孩子年龄的成长，社会交往面不断地扩大，生活经验不断积累，这个时候，我们应该开始让他对家人和接触到的外人的优点进行赞扬，例如，让孩子对妈妈说："妈妈做饭多累呀，我亲亲妈妈！妈妈做的饭多香呀，谢谢妈妈！"对亲戚家的姐姐说："姐姐的衣服真漂亮！姐姐真干净！"虽然幼儿主要是模式化学习，对事物的看法只停留在表面性和情绪性上，不可能看透本质，但从这方面着手，让孩子先学会如何发现别人的优点，久而久之，他们就会习惯成自然。

另外，我们也要给孩子讲一讲关于给予负面评价的问题。如果孩子想不出任何正面赞美的话，一句中性的评价也能表达有意交流的愿望。如果孩子不能真诚地说"你的头发剪得不错"，就说"我注意到你剪头了"。但是说"你的新发式显得你耳朵向外翘"就不合适了，即便那是真实的。

随时发现别人的进步，随时为别人的成绩而喝彩，随时为每一位上台唱歌的人而鼓掌，是一种智慧，是一种健康的心态。我们应该教会孩子赏识别人，赞美别人，努力去挖掘别人身上的闪光点，这是孩子与人和谐相处的基本需要。

06

品质,是一辈子的事

孩子富有修养,社交才有气场

别让咱们的孩子，自大得不像话

有一次，我带川川去儿童乐园玩耍，川川和小朋友们一起玩儿童篮球。当他把小小的篮球投进篮筐后，兴奋地大喊起来："妈妈你看！我多棒！"然后又对我说："妈妈，我早就学会了，可他们还不知道怎么玩。"他无视其他小朋友愤愤的小眼神，对自己的兴奋与骄傲毫不掩饰地炫耀着，俨然一副"我就是科比·布莱恩特"的样子，弄得我都有点不好意思了。

别的小朋友离开以后，我觉得有必要适当教育他一下了。我对川川说："你投篮投得好，妈妈很为你高兴。但是，如果媛媛比你投得好，她一直都对你说她比你强，你心里会是什么感觉呢？"

"我……我会不开心，可是我只是想让妈妈知道我投篮很棒。"

06 品质，是一辈子的事
孩子富有修养，社交才有气场

川川一脸的小委屈。

"你当然可以告诉爸爸妈妈，你很棒，因为爸爸和妈妈非常愿意听到这样的好消息。但川川你要记得，不要当着小朋友的面说自己很棒，说他们很差，那样的话，小朋友也会不开心啊。没有人愿意和一个骄傲自大的人做朋友，你说是不是？"

川川点了点头："妈妈，我记住了，我以后不会这样了。"

在被爱无限滋养的安全氛围中成长的孩子，很容易自我肯定。为了让人了解他所做出的成绩，他会毫不掩饰地表达自己的心满意足，却不晓得照顾别人的感受。

骄傲自负的孩子常在自己的周围竖起一道无形的"城墙"，形成与外界的隔绝，这使他的心胸变得狭窄。他虽能取得一定的成绩，但往往没有远大的理想和志向，只满足于眼前取得的成绩。而且，他们看不到别人的成绩。

骄傲自负的孩子很难和小伙伴友好相处，因为他不能做到平等相待，总是以高人一等的态度对待别人或喜欢指挥别人。他的情绪也不稳定，当人们不理睬他时，他会感到沮丧；当他遭到失败和挫折时，又会从骄傲走向悲观、自卑和自暴自弃，否定自己的一切，觉得自己什么都不如别人。因此，千万不要忽视孩子的自负倾向。

然而,生活中,有多少父母能够正确处理孩子的自负倾向呢?一些父母甚至本身就对孩子的自负负有责任。比如,有些父母由于自身条件比较优越,总是表现出一副扬扬得意、目中无人的姿态,经常会流露出对他人的不屑。孩子耳濡目染,也会仿效父母,只看到自己的长处,而嘲笑别人的短处。

另一方面,父母过于强调自信,不断给孩子灌输"你是最优秀的",往往会使孩子变成一个盲目自大得令人讨厌的人。

在深圳某重点中学里发生过这样一件事:音乐课上,实习老师刚走出教室,"啪"的一声脆响,一本书被狠狠摔在桌上。"有几个音弹错了,颤音也没唱出来,这样的水平还来教我们!"惊愕的目光都聚集在她——谢芳萍的身上。她是学校的艺术骨干,从小深受执教于音乐学院的爸爸的影响,弹得一手好钢琴,在声乐、舞蹈方面也不错,曾多次代表学校参加文艺演出和比赛并获奖。

谢芳萍不仅有文艺特长,而且写得一手好文章。但就是这样一个好学生,同学们都不太喜欢她,背地里都叫她"冷血公主"。为什么呢?原来除了几个亲密的伙伴外,她不大爱同其他同学讲话。当有同学问她问题时,她总是很轻蔑地说:"这么简单的问题需要问吗?!"久而久之,没人愿意搭理她了。

谢芳萍的家境非常好,爸爸带她去香港买衣服,因此打扮入时的她有很强烈的优越感,经常挑剔讥讽其他同学。一旦某位同学打扮得漂亮一点,她就会很不屑地说:"地摊儿货,瞧那穷酸样儿。"

她也有自己的弱项——体育运动。但她不仅不力求改善,反而认为有体育特长的人都是"头脑简单,四肢发达",并对他们嗤之以鼻。

孩子优秀是件好事,但优秀的孩子若不加以正确引导,往往自视过高,爱抬高自己贬低别人,甚至把别人看得一无是处。

在人际互动中,自负的孩子不懂得交往应以互相尊重、互相平等为原则,总是表现出一种优越感,盛气凌人,只强调自己的感受。

这样的心态,不但是个人成长进步的障碍,而且还会造成伙伴关系的紧张。

在古希腊神话中,阿基琉斯是女神与人类的儿子,半人半神,不能像神一样长生不老。所以,当他还是婴儿时,他的女神母亲就把他浸泡在冥河中,想让他像真正的神一样获得不死之躯。由于他是被母亲捏住脚踵倒浸到冥河水中的,所以他的全身刀枪不入,唯有脚踵处成了他的致命弱点。后来，他参加特洛伊战争，凭借他刀枪不入的身躯和英勇，在战斗中杀敌无数，数次使希腊军反败为胜。但是，阿基琉斯脚踵处的弱点却被对手得知。对方趁着阿基琉斯在马上作战之时，朝他的脚射出了一支箭。箭头正中阿基琉斯的脚踵。就这样，一代英雄死在了自己的弱点之下。

如果我们的孩子只看到自己的优势而忽略自己的弱点，哪怕只是很小的弱点，对他未来的发展也是足以致命的。

要让孩子回归理性，我们就要让孩子对自己有个全面的认识，让孩子了解自己的缺点和不足之处，这对克服其自负倾向大有好处。

在这方面，有一位妈妈的做法非常值得我们学习。甜甜妈在论坛里说：

"我家甜甜今年上小学二年级，聪明好学，勤奋向上。在一次朗诵比赛中，她又获得了学年组的最佳朗诵奖，心里像吃了蜜一样甜。回到家后，她把朗诵稿交给家里的家政阿姨，得意地对她说：'吴奶奶，你念一段给我听听，怎么样？'

"这个温善的女人拿起朗诵稿，仔细地看了一遍，然后有些不好意思地说：'甜甜，我不认识这些字。'

"甜甜更加得意了，她快速地冲进客厅，得意忘形地对我喊道：'妈妈，吴奶奶不识字，可是我这么小，就得了朗诵冠军，我是不是很厉害？而吴奶奶拿着一本书却不会读，这太可怜了，我不知道她心里是什么滋味。'

06 品质，是一辈子的事
孩子富有修养，社交才有气场

告诫孩子们："要学会尊重他人，不论别人身份高低贵贱；小朋友要是说话发音不准确，不要讥笑他，而要帮助他纠正，平时要多体谅别人，多替别人着想；要乐于助人，给老人妇女让座；别人帮了忙，一定要道谢；自己有了错，也一定要请求别人原谅……"

正是在这潜移默化的熏陶下，列宁从小便对别人以礼相待，真心相助。他小时候经常到乡下外公家去玩，和贫苦的农村孩子们相处得如同和自己表兄弟一样亲密无间。

有一次，他见到一位农民的大车陷到了泥里，赶忙上前，不顾泥泞帮着把车推了出来，把这位农民掉在地上的手套拾起来，恭恭敬敬地递过去，很尊敬地和人家交谈，最后还愉快地握手道别。

列宁的父母以身作则地教导列宁要关心他人，这是一个人在社会上立足并赢得世人尊敬的先决条件，正是因为这样，列宁才能取得了人民的信任和支持，成就了自己的事业。

爱心，是孩子心理健康的一个十分重要的内容，尤其在儿童时期，孩子的身心发育最为迅速，是最关键的时候。因此，在这个阶段呵护孩子的爱心，对塑造他们的良好性格和健康行为都具有十分重要的意义。

然而，现在的许多教育方法更多的是关注孩子的智力开发，却往往忽视了孩子品德的培养，甚至可以毫不夸张地说，现在许多孩子在接受文化教育的时期却处于情感教育的荒漠之中。爱孩子不是只要让他吃好、穿好、学习好就可以了，还要让孩子心存爱意，关心父母和他人。

　　孩子认识肤浅，判断能力差，缺乏独立性，心理活动带有暗示性和模仿性。在他们眼里，父母的行为就是一把尺子，认为父母做的，他就能做；父母怎样做，他就应该怎样做。所以，有时我们说得再多，孩子也听不明白，但是我们做了，孩子心里就会感受到。

　　记得有一次年底，我带川川回我娘家，一个卖财神的老人来我家推销。当时，我们正在吃午饭，我妈妈说家里已经有了，不需要。老人转身想离开，突然又回过头来，用很小的声音说，"要不我送你们一幅财神，给我一碗饭吃，可以吗？"看得出，他是真的饿了，提出这个请求时，他自己的表情都非常尴尬。

　　妈妈却很自然地答应了："这附近几个村子，也没有一家餐馆，看出来你是真的饿了，又买不到吃的，刚好我姑娘和外孙回来了，今天饭菜做得多，就一起吃吧，那幅画给不给都没事。"

　　"谢谢，您真是菩萨心肠！谢谢！一定要给的。"

　　毫不矫情地说，我当时是很受震动的，我为自己的母亲感到自豪。看到老人很是拘谨，根本不好意思夹菜，我找了双新筷子，给老人夹了排骨、鸡翅放到碗里，老人的眼圈有些红了，不住地道谢。他说自己从河南老家来东北投奔女儿女婿，想着自己做点事给孩子分担一下负担，今天走到这里竟没找到一个卖吃食的地方。他还说东北的米饭真好吃，他们老家都吃面。

当时，川川就在旁边眨着大眼睛默默地听着，看着。我觉得这对他来说，是人生中很好的一课。

在培养孩子爱心的过程中，父母的榜样作用至关重要。因为身教胜于言传。

孩子天生都是善良的，他们也很乐于去关照他人，但是由于孩子年纪还小，缺少判断是非的能力，而家长的反应就成了孩子判断对错的标准，因此"赏善"就成了教育孩子最简单有效的方法。赞赏孩子的爱心行为，孩子得到肯定和表扬，他就愿意把这种行为持续下去。

川川的同学王迪是家中的独苗、心肝宝贝，今年被评选为三好学生、十佳少先队员。家长会上，老师表扬王迪说："王迪同学学习成绩优异，开朗又活泼，不怕吃苦，更难得的是热心助人，总是主动帮助同学,从不藏私,在班里十分有号召力。"当时,好多家长都问王迪妈妈,怎么把孩子教育得这么出色懂事。还有一位家长诉苦,说她儿子虽然学习成绩很好,但却待人冷漠,不善于合作,这将来到社会上怎么吃得开呀!

王迪妈妈坦言,王迪以前也是这个样子,但从他4岁起,她和王迪爸就下决心帮他改变这种冷漠心态。他们试了很多方法,带他去希望工程捐款,给他讲乐于助人的道理、故事……可效果都不是很理想。后来,王迪妈妈偶然间在一本《刚刚好的教养力》中学会了一招"赏善计"。小孩子嘛,总是喜欢被奖赏的。王迪父母就按照教育专家说的,每当他做了一点好事,哪怕是对周围的人有一点热心的表示,他们就立刻抓住机会表扬他、奖励他。王迪表面上虽然有点尴尬,但内心却很得意,渐渐地,他做的好事越来越多了:他扶奶奶去医院,给妈妈送伞,帮助同学学习……

让孩子成为"小大人",有时只需要一个小方法。

在孩子做了好事后,不管他是主动还是被动做的,不管他做得是否令人满意,父母都要发自肺腑地感谢他、赞扬他,那么孩子定会大受鼓舞。不管孩子为别人做了什么,都要让孩子觉得"幸亏有我出手帮助,事情才会这么顺利"。父母由衷的肯定,才是孩子关心他人的动力。

因此,就算孩子只是帮了别人一点小忙,或者仅仅是替别人着想,你也应该告诉他,你赞成他的这一举动,希望他这样做,并鼓励他多为别人做善事。让他知道,你希望从他的举动中看到善意与友好。

我们应该让孩子的心灵充满爱,也要让孩子知道善良的可贵。做一个有爱心的人,成为一个受欢迎的人。

孩子的同情心，需要我们轻轻呵护

我很久以前看过一个故事，是说在美国东部一个风雪交加的夜晚，推销员克雷斯的汽车坏在了冰天雪地的山区。野地四处无人，克雷斯焦急万分。因为，如果不能离开这里，他就会被活活冻死。这时，一个骑马的中年男子路过，他二话没说，就用马将克雷斯拉出了雪地，拉到一个小镇上。当克雷斯拿出钱对这个陌生人表示感谢时，中年男子说："我不求回报，但我要你给我一个承诺。当别人有困难时，你也要尽力去帮助他！"

在后来的日子里，克雷斯帮助了许许多多的人，并且将那位中年男子对他的要求同样告诉了他所帮助的每一个人。很多年后，克雷斯意外被一场洪水围困在一个小岛上，一位少年帮助了他。当他要感谢少年时，少年竟然说出了那句克雷斯永远也忘不了的话："我不要求回报，但你要给我一个承诺……"克雷斯的心里顿时涌起了一股暖流。

同情心和善意是无价的，它不需要回报，却可以在人群中无限传递，温暖每一个人。

有人比喻说，如果每一件人们相互帮助的善事都是一颗珍珠，那么我们每一个人的同情心和善意就是一根金线。用金线把颗颗珍珠串起来，就是世界上一条最珍贵的无价项链。同情心是关怀、助人、分享以及道德感等社会品格养成与社会交往技能组成的基本元素，没有同情心的孩子就不会体会别人的感受，自然也谈不上关心别人、与别人分享了。同情心也是分担和感受别人忧伤的一种能力，是对是非观念提供支持的一种非常关键的情感，孩子有了同情心才能增强对别人想法的理解，如此才有可能更深入地感受到别人的痛苦、困难，这种感受可以让孩子更宽容、更能理解别人的需要，并在别人有困难的时候主动想到帮助别人。而缺少同情心的人往往会变得冷漠、孤僻、不合群以及挑剔，他们难以站在别人的角度去分担别人的痛苦或需要，因而根本不可能成为受欢迎的人。

之前,在媒体上曾看到一则小女孩遭遇车祸路人冷漠的新闻,当时觉得好心痛而且很震惊,不知道现在的一些人为什么可以做到如此麻木无情,同情心是一个人应该具备的最基本的品质,这也是我们对川川的最基本的要求。

在我和川川爸心里,孩子应该成为一个有爱心、有同情心的人,这其实也是善良的代名词。在孩子拥有成就、财富等东西之前,他首先应该具备这些素质,这才是我们所希望看到的。不过让我们欣慰的是,川川从小便表现出了他的情感以及爱心,比如,看电视会替电视剧里的人难过,很多时候会替别人着想,等等。这些都让我们相信,孩子将来必定会成为一个具有同情心的人。

我们深深知道,同情心和爱心是生活中不可或缺的,一个人需要这种情感来让他更加完善,而一个社会同样需要这种情感来变得更加和谐。因而,在孩子的品质教育上,我们从不敢有丝毫马虎。

从川川稍微懂事时起,我们就经常告诉他,要关心他人、要爱护小动物,等等。或者是利用生活中的事例,或者是一些反面教材,从侧面教育他关爱他人、关爱动物。一次,我们一家三口去逛街,遇到一位盲人在拉二胡乞讨,我趁机问孩子:"你看他多可怜呀!大家都在帮助他,你是不是也应该帮帮他呀?"然后就看到川川很难过的样子,并且很久之后都还记得这件事,说不知道那个盲人怎么样了。这些其实都是孩子天性中善良一面的展现,我们也很愿意看到孩子表现得善良、有爱心和有同情心。

曾有一位哲学家说过这样的话:"对于一切有生命之物的同情,是对品行端正的最牢固和最可靠的保证。谁满怀这种同情,谁就肯定不会伤害人、损害人、使人痛苦。如果能宽容地对待他人、宽恕他人、帮助他人,那么他的行动将会带有公正和博爱的印证。"这其实是对同情心最为深刻准确的定义。

现实中,在崇尚个性自由发展的今天,许多孩子的某些个性也在不适当地"膨胀"。他们得到了太多的关注和爱,却不懂得怎样去关爱别人。他们往往会以自我为中心,那种对他人漠不关心的表现已经明显地凸显了出来。比如,当看到别的小朋友摔倒了,他们会哈哈大笑;看到路边的毛毛虫,会毫不犹豫地踩踏;看到小花,会顺手采摘……这样的现象是什么原因造成的呢?我想作为家长首先要从自身找原因。孩子的很多行为正和家长自身的行为有着密切的关系:家长如果对孩子一味地满足、一味地迁就,百依百顺,孩子就很容易养成自私、任性的性格。父母给孩子的爱应该是理性的、有原则的。对于孩子自私、任性的行为，一定要坚决制止。必要的时候，我们也可以表达出自己的生气和不满，让孩子感到自己这样做是得不到肯定和赞扬的。当孩子体会到这点以后，才会意识到关心他人是会受人称赞、是自己应该这么去做的。

在培养孩子同情心这方面，父母也要从自身做起，有些父母对别人的困难和不幸总是无动于衷，他们不欣赏也不理解孩子的同情行为，怪他多管闲事，久而久之，孩子也就感受不到人间珍贵的友情，幼小的同情心就这样在无形之中被扼杀了。对于孩子来说，家长是他们最早模仿的对象，孩子同情心的发展最需要父母的言传身教。由于孩子的年龄小、模仿性强，具有高度的可塑性，所以，一方面我们要培养孩子文明礼貌的行为习惯；另一方面，我们也要提高自身的修养和素质，为孩子树立良好的榜样。

07

非常近距离

父母合理助力,帮助孩子交朋友、交好朋友

小孩间难免有争端，爸爸妈妈别护短

孩子在外面玩免不了要闯祸，尤其是淘气的男孩子，有时发生争吵打了年纪小的玩伴，结果被打小朋友的父母找来兴师问罪；或者为抢玩具，弄坏了别人的玩具；或是踢球，一不小心打坏了邻居的玻璃，父母又得掏腰包赔偿……凡此种种，在有孩子的人家都是常有的事。

以前，在我们小的时候，闯了祸都是母亲出来抵挡。那时的女性主要担当着相夫教子的角色，总觉得孩子闯祸，是自己没有把孩子管教好，所以孩子在外面欺负了小朋友，或打坏了邻人的东西。做母亲的总是说："妈替你去道个歉，只是你以后不要再打别人！"实际上，这种做法并不妥当。

欧美的爸爸妈妈们在这一点上就很注意。一位朋友给我讲了他的亲身经历：

"有一次，我在一个美国朋友家做客。那天，主人还邀请了另外几个朋友，其中有一位女士带着一个4岁的小女孩。那孩子很活泼，在喝茶的时候，不小心把杯子打破了。这时候，她母亲迅速用手帕擦去泼在茶几上的茶水，然后对女儿说：'你去向阿姨借一个盘子，把打破的碎片捡起来。然后再向她道歉！'

"当时我看了这件事感触很深。要是发生在我们身上，父母肯定就会出来亲自收拾残局，然后代孩子向主人道歉，而不会要孩子做任何事情。"

孩子都是好孩子，他成为什么样的人，说到底还要看父母对他的教育如何。

当然，为了避免和邻人发生冲突，搞好人际关系，父母偶尔代孩子道歉也是可以的。但是对于已经能够分辨是非的孩子来说，我们还是应该尽量从旁教育他、协助他，使他认识到错误而主动去道歉，养成孩子自己犯错自己负责的责任感。这样，孩子以后也会对自己的行为有所检点，同时，孩子长大以后在社会上也会勇于为自己的行为负责。否则，一切都由父母包揽，孩子无任何内疚感和责任感，不但不会像母亲所希望的"以后不再犯"，而且会变成一个缺少独立性且无责任感的人。

02

但是应该看到，也有不少父母一味护短。事实上是自己的孩子打了小朋友，或者损坏了人家的东西，他们不但不教育自己的孩子，反而认为对方不该小题大做，认为孩子在外面打架或是做错事，"他还只是个孩子"，甚至强词夺理："我的孩子也挨了打"或者"那东西根本不是我家孩子打坏的，我家孩子绝不会做这样的事"。

护短的结果是使孩子毫无责任意识，于是胆子越来越大，越学越坏，后果当然不堪设想。

10余年来，中国台湾青少年犯罪率急剧上升。在一所学校里，研究者发现这些不良少年多是在家庭中受父母溺爱、放纵的孩子，他们在外惹祸时，父母总是百般维护，不分是非，甚至责怪对方。

家长的袒护，会让孩子错误地认为自己的地位是特殊的，别人都比不上自己，都要让着自己。那么我们在遇到这种事情时，该怎么处理呢？我们一起来看看晓宇妈妈的育儿经验：

"那天我正在厨房做饭，突然听到楼下传来晓宇的哭声，我赶忙跑下楼去，只见晓宇正坐在地上哭呢，而常和晓宇玩的小朋友威威涨红了脸站在一边，眼泪也快要出来了。

"晓宇看见我来了，马上扑了过来，说：'妈妈，威威打我！'

"'是吗？威威，你们为什么不高兴啊？'我轻声问道。

"没等威威开口，晓宇立刻抢着说：'他看我小，欺负我！妈妈你帮我骂他！'

"见孩子这样，我有些不高兴了，把儿子晓宇拉到一旁：'不许没礼貌！让威威说！'

"后来我弄清楚了，原来威威用积木盖城堡，晓宇也要抢着玩，威威不让，晓宇一来气就把盖到一半的城堡踢倒了，两人由此打了起来。

"我严肃地把晓宇叫过来：'晓宇，为什么玩什么一定要听你的呢？威威的城堡已经盖了一半了，如果你想玩可以帮他一起盖呀！下次不许你再这样霸道，如果威威也把你盖好的积木推倒，你生不生气呢？'

"晓宇红着脸，一声不吭。这时威威走过来，很懂事地说：'阿姨，对不起，我也不该动手打晓宇。晓宇，别生气了，我们一起玩积木吧！'晓宇看了看我，两个孩子便开始一起搭城堡了。"

晓宇妈妈把这个小纠纷处理得非常好，她没有不分青红皂白地偏袒自己的孩子，而是一视同仁地处理问题，这样就不会助长孩子以自我为中心的心理。不仅如此，她还借机教育了孩子："为什么玩什么一定要听你的呢？"这样就会引起孩子的反思，渐渐地孩子就会认识到：小朋友之间都是平等的，不能总是自己说了算。这是一个很成功的教育案例。

03

还有一种情况，孩子在外面玩，有时会被一些大孩子或特别霸道的孩子欺负，夺走了玩具，甚至被打，这时有的家长心疼孩子，便大动肝火要去找对方算账，或者骂自己的孩子："你就不会打他呀！下次他再欺负你，你就还手！"

仔细想一想，这都不是解决问题的办法。这样算账和报复，只会使孩子间的打斗越来越厉害，而且可能使无意的伤害转变成有意的伤害。

所以出现这种不愉快的事情时，父母最好能保持冷静，倾听孩子的诉说，教导孩子以后尽量避免与那些顽童玩耍。同时，也可直接找欺负了自己孩子的孩子问明事情真相，告诫孩子们和睦相处，不要打斗，以免事态扩大，结成冤家。

当然，必要时还可以找对方父母，共同进行教育。但应注意一点，那就是找对方父母，不只为了算账而是要冷静友善，以共同合作教育双方孩子为目的。

不要在孩子交友时，简单粗暴直接干涉

我小时候，父亲常常对我说"某某是坏孩子，不要和她一起玩"，说我的小伙伴是"坏孩子"，这让当时的我感到很困惑。

还记得父亲第一次参加我的家长会，刚回到家，他就递给了我一个小本子，上面记着我这次考试的成绩和名次，还记下了班里前10名的名单及成绩。忽然，我看到了我的好姐妹万丽的名字，写在小本子上很显眼的地方，倒数第七。

父亲为什么要记这个？我正疑惑着，父亲开口了："仔细看看你那个什么好姐妹的分数，成绩那么差，你还整天和她在一起！"

原来，这就是父亲把我好朋友"圈重点"的原因。我有一种极不舒服的感觉，说道："她的成绩差，并不代表她人不好，这跟我与她做不做朋友没有什么关系。"

可父亲并不这样认为，他依旧坚持："关系大了，不准和这种差生在一起！无论如何，你不能和她来往了！你看看她那个分数，你以后会被她影响的！"父亲有点气急败坏。

"我不会的，不会受她的影响的！"我为我好友抱不平，"她不是坏孩子，她虽然学习不好，可她人不坏，她很善良，待人友好，她是我的好朋友。"我继续和父亲争辩。

就这样，我们父女俩争得面红耳赤，但我仍坚持着自己的立场，父亲也一再强调不许我们来往。我感觉和父亲无法沟通，便不再理会，径直走进自己的小屋，把门反锁起来。

当时，我躺在床上，看着我与万丽的照片：两个姐妹般亲密无间的女孩搂在一起开心地笑着。我真的无法理解父亲的想法。也许，在他眼中，只有学习好的学生才是好孩子，而且和学习不好的同学在一起就一定会变差。

但事实上，万丽除了学习成绩不好以外，她自食其力的能力，待人接物的能力，都要比我强很多，最重要的是，她有一颗热心肠，待人真诚，品性善良。也正是这个父亲口中的"坏孩子"，多年以后，在我事业不顺时予我以鼓励，在我受到伤害时予我以陪伴，在我经济困难时帮助我周转。万丽现在经营着16家美容连锁店，活脱脱一个优雅高端大气上档次的美妇人，我真的看不出她哪里"不好"。

如今身为人母,经历了教育孩子的种种难题,对于父亲当年的态度和做法,我多少能够有一些理解和体谅,但还是不能够完全认同。担心孩子和成绩不好的孩子一起玩会影响学习,这其实是大部分家长都会有的心理,我们总希望孩子多和优秀的孩子在一起,远离那些有缺点的孩子。有意思的是,虽说有"近朱者赤、近墨者黑"的古语,但先哲也为我们留下了"金无赤金,人无完人""三人行必有我师"的忠告。

　　孩子在成长过程中,有很多东西需要学习,而学习的方式是非常多元的,他需要在有些人身上看见美好的部分,也需要在另外一些人身上看见负面的东西。而父母越俎代庖的做法,很可能使孩子形成错误的交友观,失去辨识良友劣友的主动性和判断性,从而给他们日后与人交往造成严重障碍。

　　简单来说就是,孩子需要的是丰富完整的成长环境,他们需要通过看到别人来认识自己,需要通过体验他人来寻找自己。

　　如果将孩子"圈养"起来,对他们交友干涉过多,一是会遭到孩子的反感,二是会使孩子感到孤单寂寞,可能会阻断他探索世界的热情,影响他体验社会和人性的丰富性。

　　所以,我们应给孩子自己选择朋友的权利,而不是过度干涉,这有助于孩子人际交往能力的提高。

其实对于孩子交友这件事,我们应该尽量持开放态度,尽量少些干涉,多些民主,因为从某种意义上说,不管孩子交到哪种朋友,对他的人生成长都是一种经历、一种财富。

的确,孩子对"朋友"的概念,确实是从"与朋友做相同的事"开始的,孩子也真的很喜欢模仿小伙伴的行为,所以担心孩子被带坏,如果孩子身边有"坏榜样"就希望尽量帮孩子屏蔽掉,也实在是情有可原。

不过在我看来,与其把"罪过"推到"坏孩子"身上,一味地将孩子与负面的人或事隔离开来,不如教会孩子如何辨别负面的东西,不如帮助孩子建立清晰的规则和界限,让孩子得到有益的交友态度和方式。

根据我教育川川的经验,孩子在较小的时候,真正意义上的同伴交往和相互影响其实是很少的;等孩子长大以后,事实上,他本身也有了一定的认知能力,有了自己的想法和行为倾向,并不会完全简单地模仿别人的一切。从这一点上说,我们从小就给孩子有效地立规矩，同时建立和谐美好的亲子关系，才是预防孩子"行为出格"的根本所在。

所以，即使我们发现孩子的朋友"有点坏"，也不要完全抱着"那个孩子不好，我要让我的孩子和他断绝交往"的想法。

既然孩子认可这个朋友，自然有他的道理，我们不妨听听孩子的想法，也许是你的片面印象令你产生了偏见，也许你所看到的只是"偶然事件"，而且每个孩子都有自己的优点和缺点。

所以，不要在孩子面前随意否定他的朋友，说别人是"坏孩子"，这样会伤害孩子的心灵，让他从小对人产生"另眼相看"的不良习惯。这样一来，孩子在成长过程中，会失去很多交友的机会。

即便孩子的朋友真的缺点明显，也不要不由分说硬拆散，我们可以跟孩子探讨、分析，适当地跟孩子表明自己的看法，排除对孩子的不良影响。

对待孩子的交友问题，父母的尊重是前提，在此基础上才能引导孩子形成正确的交友观，让他拥有更多的真诚相待的朋友，学会和不同个性的人交朋友。

让孩子知道,什么才是真正的朋友

前文刚刚说过,对待孩子的交友问题,我们应该给予足够的尊重,但这并不意味着,我们可以绝对地放任孩子乱交朋友。

若孩子交友不慎,长期耳濡目染,确实会对他造成很大影响。

妈妈群里有位家长说,自己的孩子原本是很有教养的。由于夫妻二人工作太忙,平时将孩子放在丈夫的哥哥家里,两年之后,孩子才只有十岁,却是浑身的痞气。谁欺负他他就会找自己的堂哥(哥哥家的儿子)帮忙,后来竟然和堂哥在学校里公然打劫小朋友。

我的一位美国朋友卡戴珊也对我说过类似的事情。

卡戴珊有一个 5 岁的女儿詹娜,有一次卡戴珊带詹娜去海滩上游泳课,詹娜和另一个小姑娘珍妮交了朋友。她们玩得很快乐,

07 非常近距离
父母合理助力，帮助孩子交朋友、交好朋友

最后那个女孩的妈妈邀请詹娜去她们家吃午饭，卡戴珊也欣然同意了。

两小时后，卡戴珊到詹娜的新朋友家接她的时候，不得不在门廊跨过一堆垃圾，尽管是个明媚的下午，孩子们却在起居室里无聊地看电视。母亲正忙着呵斥一个大点的孩子，父亲正在斥责母亲。卡戴珊道了再见，将詹娜接上车，系上安全带。一贯听话乖巧的詹娜一路上都在抱怨母亲："你看珍妮说话声大得能震破我的耳膜；珍妮什么时候想吃零食她妈妈都同意，珍妮也可以一直看电视……"

卡戴珊听着詹娜的这些唠叨，最后温和地说道："也许珍妮的妈妈可以允许她那样，但我可不行。"

"你太蠢了！"卡戴珊第一次听到女儿这样说她，她简直有些震惊了，而一旁的詹娜仍在不满地抱怨，"你知道吗？珍妮也不用系安全带。"

卡戴珊对我说，她是第一次遇到这样的窘境：她的孩子已交上了她不喜欢的朋友。这使她不得不在两方面进行选择，一方面是孩子暂时的快乐，一方面是出于对孩子在道德、感情和生理上健康成长的关心。最终，卡戴珊选择了后者——告诉詹娜，这样的朋友尽量不要与她交往了。

孩子毕竟是孩子，很多时候，别人展现在他面前的是什么，他觉得"好"，就会去学，并不了解事情背后有关道德、品质的问题。

这会对他的人生观、世界观、价值观造成很大影响。所以我们在给予孩子民主自由的同时，也要做好监督，确保孩子对友谊的选择是有益的。简而言之，我们在适当的情况下不应干预孩子交友的自由，但在大是大非的事情上也要加以引导。

孩子需要拥有选择朋友的自由，但有时其实他也期望父母能够介入其中，并且帮他拒绝与那些不适当的朋友交往。妈妈群里的另一位母亲回忆说：

"儿子7岁的时候，和邻居家一个同岁的小孩一开始玩得很好。但那个孩子很粗鲁霸道、极没礼貌、不听他父母管教，起初我给他们定了一些规矩，比如，不准合伙欺负附近的孩子，不能骂人，等等，但那孩子不能遵守，我家孩子也说服不了他，我只好有意限制他们在一起的机会。刚开始，我家孩子有点难过，但我看出他有一种解脱的感觉，因为我帮他处理了一些他不能控制的情况，后来，孩子渐渐主动疏远了那个孩子。

"孩子13岁那年，我们将他送去国外读书，当时上语言班（ESL）的同学都比他大，他交了几个朋友，几乎形影不离。但我

07 非常近距离
父母合理助力，帮助孩子交朋友、交好朋友

以过来人的经验来看，那几个少年都是不务正业的纨绔子弟，而且身上有很多不良习惯，于是我旁敲侧击提醒孩子不要和他们走得太近。孩子一开始很不理解，非常抵触，抗议我干涉他交朋友，但也有意识地尽量减少参与他们的玩乐。很快，那几个孩子就开始排挤他。学校里，每个孩子都有一个储物柜，供学生放自己的课本和衣物等，他和一个"铁哥们"相互都知道对方柜子的密码。结果，孩子先是 MP3 丢了，后来是课堂笔记、考试资料。最终发现，正是他的"铁哥们"暗中搞鬼，原因就是不希望他能尽快考出语言班，脱离他们这个小群体。这件事让孩子彻底醒悟，在交朋友这件事上又成长了一大截。从这以后，他结交的都是心态积极的朋友，再回头看那几个孩子，全都荒废了学业。"

这位母亲最后总结说：

"孩子每次交朋友的经历，对他来说，其实都是促进其心灵成长的机会。交到好朋友，孩子从此心灵温暖不再孤单，能激发孩子自身的潜能，成为更好的自己。然而，朋友易寻，好友难得，损友更是随时都有可能遇到。遇到损友，轻则让孩子沾染上不良习性，重则学业尽毁，就此沉沦。

"这些道理，大人看得透彻，孩子却不容易明白，尤其是身在迷雾中，怎能看得清楚。因此我们为人父母的，一定要从小关注孩子的交友情况，及时给予其正确的建议和指导。孩子长大以后，他交什么样的朋友，我们很难参与其中，但如果我们从小给孩子树立正确的价值观，使其成为他交友原则的一部分，那么我们基本就不用担心孩子误交损友了。"

看到这位妈妈帮助儿子交友的故事以及她最后精辟的结论，我迫不及待地发送了一个大赞的图片。有这样理智谨慎的妈妈在，孩子恐怕想学坏都难。

不过在我看来，还有一种情况需要我们特别注意：有些孩子本身没有多大问题，但他们的父母却有着不小的负面作用，比如，有的父母有酗酒、赌博等恶习，使孩子在耳濡目染中深受其害。在孩子选择朋友的时候，我们也要让他学会关注朋友的生活环境，如果朋友父母的问题比较大，就需要我们出面干涉了。

一位10岁女孩的母亲说："实际上我挺喜欢小敏的，每次她到我们家玩时一切都很好，但当燕妮去小敏家时，她的父母根本不约束孩子的行为。她们还经常恶作剧，朝经过的汽车上扔鞭炮，我女儿也参与其中。但我想她也害怕，因为她把这些事告诉了我，她还说小敏的爸爸有一个没上锁的抽屉，里面全是刀。还能怎么办呢，我只好禁止燕妮再去小敏家玩了。"

我想，如果这位母亲没有阻止自己的女儿和小敏继续交往，便有可能产生不堪想象的后果。虽然这种坚决的制止会造成孩子的痛苦甚至反抗，但是作为父母必须与孩子一起面对这种棘手而又令人头痛的问题。我们可以通过讲故事、讲事实的方式，晓之以理、动之以情，使孩子能够理解我们的态度和判断。孩子大多都是通情达理的，我们只要不操之过急，不脾气粗暴地训斥孩子，一般可以达到良好的沟通效果。

事实上，孩子择友也是对父母的考验与挑战，每个孩子有自己不同的性格、不同的成长环境、不同的办事方式，所以我们要根据孩子及所选朋友的特点，采取不同的态度进行"干预"，或认同或引导，或提醒或阻止。

给不合群的孩子注入合作能力

1983年春天,玛格丽特·派崔克抵达"东南老人中心",开始了她的物理治疗的独立生活。当该中心员工米莉·麦格修将玛格丽特介绍给中心人员时,她注意到玛格丽特盯着钢琴看的那一霎间流露出痛苦的表情。

"怎么了?"米莉问。

"没什么,"玛格丽特柔声说,"只是看到了钢琴,勾起我许多回忆。"米莉瞥向玛格丽特残疾的右手,默默聆听眼前这名黑人妇女谈起她音乐生涯的辉煌过去。

"你在这里等一下,我马上回来。"米莉突然插口说。一会儿,她回来了,身后紧跟着一位娇小、白发、戴着厚重眼镜,并且使用

07　非常近距离
父母合理助力，帮助孩子交朋友、交好朋友

助步器的女人。

"这位是玛格丽特·派崔克。"米莉帮她们互相介绍，"这位是露丝·艾因柏格。"她笑道："她也弹钢琴，但她跟你一样，自从中风后，她就没办法弹了。艾因柏格太太有健全的右手，而你有健全的左手，我有种感觉，只要你们互相合作，一定可以弹出好作品。"

"你知道肖邦降D调的华尔兹吗？"露丝问，玛格丽特点点头。于是两人并肩坐在钢琴长椅上。两只健全的手，一只是黑色，有纤长优雅的手指；另一只是白色，有短胖的手指——很有节奏感地在黑白键上滑动。从那天起，她们就一起坐在键盘前——玛格丽特残疾的右手搂住露丝背部，露丝无用的左手搁在玛格丽特膝上。露丝健全的右手弹主旋律，玛格丽特灵活的左手弹伴奏旋律。

她们的音乐曾在电视上、教堂里、学校中、康复中心、老人之家给许多听众带来快乐。坐在钢琴长椅前，她们共享的东西不只是音乐。除肖邦、巴哈和贝多芬的音乐外，她们发现彼此的共通点比想象中要多得多——两人都是很好的祖母和寡妇，两人都失去了儿子，两人都有颗奉献的心，但若失去了对方，她们什么也办不到。两人同坐在钢琴长椅前，露丝听见玛格丽特说："我被剥夺了音乐，但上帝给了我露丝。"显然，这些年来她们并肩而坐，玛格丽特的某些信仰已经影响了露丝，露丝说："是上帝的奇迹将我们结合在一起。"

每每读到这则故事就会让人想起那句话："我们都是独臂天使，只有互相拥抱才会飞翔。"只有相互帮助，才能战胜困难。

实际上，助人就是助己，生存就是共存。

人们在一起，可以做出单独一个人所不能做出的事业；智慧+双手+力量结合在一起，几乎是万能的。而单个的人是软弱无力的，就像漂流的鲁滨孙一样。只有同别人在一起，孩子才能完成许多事业。

有人曾经问日本的一位小学校长："您办学最注重的是什么？"校长回答说："教育孩子理解别人，与其他人合作。在现代社会，如果不能与人相互理解和合作，知识再多也没用。"

不知大家有没有听过这样一则寓言：

有人和上帝讨论天堂和地狱的问题。上帝对他说："来吧！我让你看看什么是地狱。"

他们走进一个房间。一群人围着一大锅肉汤，但每个人看上去一脸饿相，瘦骨嶙峋。他们每个人都有一只可以够到锅里的汤勺，但汤勺的柄比他们的手臂还长，自己没法把汤送进嘴里。有肉汤喝不到肚子，只能望"汤"兴叹，无可奈何。

"来吧！我再让你看看天堂。"上帝把这个人领到另一个房间。这里的一切和刚才那个房间没什么不同，一锅汤、一群人、一样的长柄汤勺,但大家都身宽体胖,正在快乐地歌唱着幸福。

"为什么?"这个人不解地问,"为什么地狱的人喝不到肉汤,而天堂的人却能喝到?"

上帝微笑着说:"很简单,在这儿,他们都会喂别人。"

很简单的一个小故事,但却蕴涵着深刻的社会哲理和强烈的警示意义。同样的条件,同样的设备,为什么一些人把它变成了天堂,而另一些人却经营成了地狱?关键就在于,你是选择相互合作、共同幸福,还是敌视别人、独占利益。

人与人之间冷漠的关系,必然导致人产生消极的劳动态度,给共同的事业带来不可估量的损失。因此,与人合作的能力,已经成为当今世界人才的重要素质之一。而一个人在童年时期没有养成与人合作的道德习惯和道德情感,待到他长大成人以后,便很难弥补了。因此,培养孩子与人合作的能力至关重要。

培养孩子的合作精神,最要紧的是父母的引导。

彼得大帝小时候十分喜欢玩游戏,尤其是玩军事游戏。可是,他是个皇帝,这就使得他有一种与生俱来的优越感。因此,在游戏中他总是做首领，总是无礼地指挥小伙伴们干这干那，有时还会随意打骂他们，致使小伙伴们总是躲着他。小彼得也感觉到了小伙伴们对他的疏远，但他搞不明白为什么，就去向他的爸爸请教。

爸爸听他说了自己的困惑，哈哈一笑，引导他说："你是不是希望他们可以和你亲密无间啊？"

"是呀。"小彼得一听爸爸一语中的，高兴地回答。

"那你知道问题出在哪里吗？"爸爸进一步问。

"我就是因为不知道才来问您的。"彼得不高兴地回答。

爸爸说："虽然你是皇帝，但他们还是很愿意和你一起玩，只是你总是以皇帝自居，在游戏中没有礼貌地叫他们干这干那。你喜欢争强好胜是对的，但你总是利用你的地位来达到这一切就不好了。"

"他们原来是因为这个啊。"听了爸爸的分析，彼得高兴得一蹦三尺高。随后，他又为难地问爸爸："那我以后应该怎么做呢？"

爸爸看到小彼得诚心改过，也希望小彼得成为一位人人尊敬的好皇帝，就进一步引导他："首先，在游戏中你应当把自己当成他们中普通的一员，而不是什么皇帝，要平等地对待小伙伴们。你要学会融入集体中去。然后，在行动上对你的伙伴要讲理，有时也应听听他们的想法，不可无理取闹。总之，你要融入他们当中去，去体会和了解他们的感受和想法，去和他们合作，共同完成游戏，这样你就会从中学到很多东西。"小彼得点了点头。

就这样，小彼得明白了一个人只有融入集体中，才能得到充分的锻炼和发展。这也为他以后成功的人生打下了最坚实的基础。

一个人，不管他努力的目标是什么，不管他干什么，他单枪匹马总是没有力量的。合群永远是一切善良思想的人的最高需要。

在当今社会，合作精神是一种优秀的品质，如果孩子具有合作精神，将更有益于他立足于世。我们千万不要让孩子从小就丧失了这个机会。

遗憾的是，多数家长都忽略了这个问题。这个时代的孩子，正承受着许多前所未有的压力和漠视，家长们把对孩子的培育，大多都投射到了他的学业上，因而忽视了处理孩子的各类情感需要。

家庭是孩子学习与人相处的基地，疼爱孩子的父母们，应该学会辅助孩子与人建立和谐的人际关系，帮助他们掌握与人合作的生存能力。

在教养孩子的过程中，在这方面我也有了自己的一些领悟，在这里和大家探讨一下。我觉得：

首先，我们要让孩子学会严于律己，与朋友建立友好、平等的关系。在人格上，人与人永远是平等的。我们应该教育孩子遇事要无私，要言而有信。只有这样，孩子与朋友之间才能互相信赖、和睦相处。

其次，我们应该让孩子在集体中成长。因为只有在集体中，孩子才能切身体会到与人和睦相处，共同合作的好处。这可以让他意识到他人的存在，学习到与他人相处的经验。与此同时也培养了他的合作意识。同时，我们要引导孩子体会到，自己的需要只是家庭中、集体中的一部分，更多的应该想到整个家庭、整个集体的需要。

此外，我们要在生活中尽量多给孩子创造一些锻炼的机会。孩子在生活中学到的知识、培养的精神，都会渗透到他的性格中去，长大后会带入社会。一个懂得合作精神的人会很快适应工作岗位的集体操作，并发挥积极作用；而不懂合作的人在生活中会遇到许多麻烦，产生更多的困难，而无所适从。

比如，我们在家里就经常让川川做些力所能及的事情，如自己洗衣服，帮助我们干家务，等等。我想，这对他将来的发展都会是一笔财富。

当然，最重要的是，我们一定要起到表率作用。父母本身具备的品德，一般在孩子身上都可以找到。因此，我们首先要为孩子创造一个良好的家庭环境。一个整天吵闹不休的家庭，很难造就出一个性情温和的儿童。我们对他人的热情、平等、谦虚等处世原则和行为，是给孩子最好的直观而生动的教材，会在潜移默化中培养出孩子尊重别人、爱护别人、能与别人和谐相处、默契合作的良好品性。

08

不做"受气包"

教孩子待人和气，但别教孩子接受委屈

教孩子无私的同时，别忘了给他权益意识

记得有一次晚饭后，在我们的母子交谈中，川川对我说："妈妈，今天卡卡不想把他的饼干分给大家吃，小磊他们就说他是小气鬼、自私鬼，可明明那是他的权利啊，不能说他是自私鬼，小磊他们这样做是不对的，你说是吧？"

我当时听完他的话，心中一阵高兴，小家伙竟然知道"权益"了。我连忙告诉他："对！川川说得很对！不想把自己的东西分给别人不一定就是自私。我们应该乐于分享，但也不需要时时刻刻分享一切。每个人都应该保护自己的权益。"听我说完，小家伙满意地笑了。

孩子睡着以后，我却开始了深思。幸好我一直没有强迫他把自

08 不做"受气包"
教孩子待人和气，但别教孩子接受委屈

己的东西分给别人。事实上，我们这些成年人往往没有孩子通透，常常因为不好意思、好面子、免伤和气，无底线地迁就别人，结果自己非常疲惫不说，搞不好，还既伤面子又伤里子。

如我一个亲戚，自己本来生活得就挺困难的，可他的朋友们还总是喜欢跟他借钱，因为他好说话，其实每次他也不想借，但每次他都不会拒绝。

为什么呢？因为他本身的社会地位不高，又强烈渴望得到别人的认同和肯定，潜意识里，他希望通过这种"有求必应"来提高自己在别人心目中的地位。结果，导致自己原本就不甚富裕的家境更加拮据。更可气的是，有一次有位老乡跟他借钱，他是真的身无分文，只好很不好意思地表示歉意，结果那人回到村里到处说他"见死不救""抠门到家了"。

我另外一个朋友处理"借钱"这事，就非常好意思，她要么索性找理由不借，要么签字画押立个期限，到了期限一定要还。结果，反而因为借钱这事在朋友圈里非常有力度，口碑也非常好。

仔细想想，有时候太好说话，太不懂拒绝，反而会让人觉得你的帮助很廉价，甚至理所应当。相反，你有自己的原则，却能让人感恩戴德。

孩子应该成为哪种人，想必大家一目了然。

02

其实，很多孩子之所以缺乏权益意识，原因就在于他们的家人本身就不具有权益意识。

记得有一次我带川川在广场上玩，一位年轻妈妈刚把孩子抱上秋千，不远处就跑过来两个四五岁的小女孩，非常有礼貌地问："阿姨，可不可以让我们荡一会儿秋千？"

被孩子这么有礼貌地一问，这位妈妈就不好意思拒绝了，马上回答："可以的，她再荡一会儿就让给你们玩。"然而，在两个孩子热烈期盼的注视下，这位妈妈开始劝才荡了几下的孩子把秋千让出来，最后，孩子在妈妈又哄又骗的情况下，被极不情愿地抱了下来，满脸的委屈和不甘心。

接下来戏剧性的一幕出现了。

那两个女孩中的一个，又去了另一个秋千，问另一个孩子的妈妈："阿姨，可不可以让我荡一会儿秋千？"

那位妈妈回答得自然而且干脆："我们也刚刚才玩，等我们玩完，你就可以荡了。"

如果是你，你会怎样回答？我相信大多数家长都会像第一位妈妈一样。

其实，我们是可以拒绝的，是可以说"不"的，为什么我们不

08 不做"受气包"
教孩子待人和气，但别教孩子接受委屈

好意思？为什么我们要痛苦自己去成全别人？为什么我们要牺牲孩子的权益去取悦别人？我反而觉得第二位妈妈做得非常不错——你可以有礼貌地问，我也可以有礼貌地拒绝，在"先来后到"的社会公约之下，不让给你也是我的权利。

我们是不是应该反思一下自己的权益意识和教育方式？我们是不是在教孩子无私的同时，却忽略了另一个关键——孩子也要学会维护自己的权益。

然而我看到最多的是：

总有父母要求孩子跟别人分享这个、分享那个，有时候明明孩子爱不释手、视若珍宝，而别的小朋友甚至是在抢夺而不是在商量，父母还一味地要求孩子要无私奉献，要懂得谦让。

其实我们真的没有设身处地为孩子想一想。我们大人吃东西、玩东西，当然没有人会来和我们争抢，但如果有人走过来说，"把你的车给我开一下"，我们是不是也能像哄小孩一样，跟自己说要懂得分享和谦让，让他开去吧。

有时候，孩子分明没有表演欲望或者根本讨厌在人前表演取

悦别人，有些父母还是一味要求孩子要自信大胆，否则就是"没出息"。

我不知道，每次外出聚会，参加社交活动，若是别人也总要你来段即兴表演，我们这些大人是不是也能随时随地落落大方，让跳就跳、让唱就唱，丝毫不觉尴尬，也没有一丝小丑感。

细想一想，很多时候，我们真的是在有意无意地对孩子进行各种道德绑架。我们自然要不遗余力地去培养孩子的道德品质，可我们是不是也该教给孩子权益意识，让孩子拥有自主权、自己的是非观、自己的决定权，我相信一个拥有自我意识的孩子，才会懂得真正的担当，才会给这世界带来更多的快乐。

那么下次再有孩子来抢玩具、抢秋千，你是否可以让孩子自己做决定？让孩子明白，他可以说不，这不是自私，不是小气，更不是没有礼貌，这是他该有的权利。

教会孩子捍卫权利和教会孩子坚持义务，我想同样重要。

告诉孩子给予有度,你可以选择拒绝

张义非常"讲义气",凡事都"好面子"。刚读初二的他每个月都要靠借生活费来解决寄宿生活的种种难处。难道是爸爸妈妈给他的生活费太少了吗?不是,虽然张义的家里并不富裕,可是父母也会尽力满足儿子,让他在学校中可以认真地学习,不因为生活问题而为难。

有一次,张义和几个同学周末一起去爬山,下山以后,几个人都饿得前胸贴后背,就商量着一起去吃顿好的。刚好学校附近有一家餐馆,进去之后,几个人大鱼大肉地点了一桌,开始大吃大喝。虽然很饿,可是从进餐馆开始,张义就一直没有好好吃饭,心里总是惦记着结账的事情,这一顿下来怎么也得三四百块吧,自己一个月的生活费才 800 元。

吃完饭后,那几个同学凑了凑,只凑了 100 多块钱,之后,所有人都看向了张义,张义被看得脸上热辣辣的,一咬牙掏出仅有的 200 多块钱生活费,心想:回头再跟其他同学借点儿,大不了吃一星期泡面,反正到月末了。

张义妈说起张义的故事时一脸的无奈和担忧:"这孩子以后走上社会得吃多少亏啊!"

其实,这事怪谁呢?

张义也算是小区里我看着长大的孩子,他的自我界限可以说就是被父母的教育方式摧毁了。

记得有一次,小张义抱着他非常喜欢的大狗熊在小区里玩耍,小区里的亮亮时不时过来摸摸他的大狗熊,每次张义都有些不满地说:"你别打它,它是我的好朋友。"张义妈马上教育他:"奕奕(张义的乳名),给亮亮玩一下嘛。"张义一边嚷嚷着不要,一边紧紧地抱着大狗熊,旁边亮亮妈也开玩笑地说:"奕奕乖,给我们家亮亮玩一下,不然奕奕就成了小气的孩子了。"张义妈假装生气,说:"就

08 不做"受气包"
教孩子待人和气，但别教孩子接受委屈

是，怎么这么小气！听话，给亮亮玩一下。"说着，硬生生从张义怀里把大狗熊抢过来，给了亮亮，张义一下子就哭了起来。

很明显，张义妈妈没有意识到，孩子强调"我的"的时候，其实是在划定自己与别人的界限，他的自我意识已经开始萌芽，有了"我"与"他人"之分，懵懵懂懂地开始维护自己的权益，这时候妈妈软硬兼施，强迫孩子分享，就会破坏孩子的自我界限意识。将来，孩子为了获取认可或者避免受到指责，就会委屈自己取悦别人。

因为从小时候起，尽管张义非常不情愿，还是被爸爸妈妈将自己爱吃的、爱玩的东西强迫分享给小朋友。渐渐地，当自己的利益和别人发生冲突时，张义也会采取退让态度。这样的教养环境使孩子养成了忽视自我、一味取悦别人的习惯，陷入"自我牺牲"的泥潭之中。

诚然，为人宽宏，助人为乐，不计得失，当然值得称赞，但凡事都要有个底线。如果一味谦让，让美德泛滥，就会助长别人的恶习，让他们感觉孩子"好欺负"。所以有时，我们也需要提醒孩子适当放下无谓的美德。

其实就像张义一样，很多孩子一开始是会说"不"的，但由于我们大人的强行干涉，孩子才渐渐不会说的。是的，分享是一种美德，但不分享也不能说就是自私，分享也要分什么事情。再者说，既然分享是一种美德，就应该是双方都感到快乐，而不是逼着一方以委屈自己的方式成全另一方的快乐。

自幼被强迫委曲求全的孩子，他们面临选择时，分不清哪些事情是可以接受的，哪些则是需要拒绝的。他们害怕与别人产生对抗，习惯性地以取悦别人为己任，为了避免得到"不好"的评价，他们从小就戴上了"好人"的面具，只考虑他人而忽略自己，甚至可以满足别人的无限索取。这样的孩子，在社会上根本无法获得基本的礼遇和尊重。

所以，我们不想让我们的孩子将来在社会上"吃亏""受欺负"，就一定不要在小时候把他教成一个有求必应的"烂好人"，我们需要从小引导孩子学会"给予"，但也要学会"拒绝"。

08 不做"受气包"
教孩子待人和气,但别教孩子接受委屈

孩子应该谦让,但也不能无限退让

说到谦让,有些家长会担心,如果孩子总是谦让,就会不懂得去争取,变得懦弱,什么都无所谓,所以,该不该教孩子谦让呢?

其实,谦让是孩子融入社会,学会与人相处的基本素质。

的确,这个社会,没有竞争,就不会进步,个人的生存和发展就会受到制约。但一味盲目地追求竞争而不懂得谦让,那"竞争"就会走进"死胡同",变成自己的"独舞",最终只会引起别人的反感和排斥。所以,我们既要让孩子学会竞争,又要教他们学会谦让。只有具备较强竞争意识又具有谦让品质的人,才能在群体中,在未来的社会竞争中,团结他人,开创美好的未来。

竞争、比拼和谦让、宽容并不矛盾,竞争、比拼的出发点是为

了自己,但是要尊重别人的权利,谦让、宽容的出发点是为了别人,但是要维护好自尊。两者结合可以让孩子学习正确处理自己与他人之间的关系。

大凡世间万事,无不是"争则不足,让则有余"。邻里之间、同学之间、路人之间遇到矛盾,即使"有理",让一让也会海阔天空。谦让是一种胸怀、一种美德、一种风度、一种智慧,更是一种修养。社会需要谦让精神,时代呼唤谦让精神,我们要教育我们的孩子,在为人处世中学会谦让。

当然,凡事都要从两面看。

谦让固然是好品质,但我们也不要让孩子毫无原则地谦让。教孩子无原则地谦让,就会带给孩子"委屈"和"不公"的感受,甚至由此衍生出错误的思想。

比如,孩子的玩具被邻居小朋友抢走了,我们不但不帮孩子要回来,反而叫孩子让给别人,还美其名曰"谦让""分享"。这就好比你走在大街上被人抢了钱包,你不但不抢回来或者报警,反而将钱包拱手让人,这还是谦让吗?同样的事情发生在成人身上会觉

08 不做"受气包"
教孩子待人和气，但别教孩子接受委屈

得荒谬，成人却以种种荒谬的理由来要求孩子！

一次我带川川去广场玩，看到小区里的贝贝和蕾蕾正坐在长长的石凳上玩"开火车"的游戏，贝贝扮演司机，蕾蕾扮演乘客。他们玩得正开心的时候，川川跑了过去，说自己也要当司机，还爬上石凳想挤开贝贝。贝贝当然不愿意，死死占着司机的位置。川川没抢到，不甘心地哭了起来。我正想过去教育一下川川，不能这样耍赖皮。贝贝妈闻声走了过来，了解原委后对贝贝说："你让给川川吧，他比你小。"贝贝很不高兴，低着头不说话，坐在那儿也没挪窝。我连忙制止贝贝妈，说："是贝贝先在这里当司机的，如果川川想当司机，必须遵守先来后到的规则，和贝贝商量，然后等待。所以，咱们别劝说贝贝让出来。"

贝贝妈听了我的话，有些不认同："难道不该教孩子谦让吗？"

我解释说："教孩子懂得谦让，应该建立在遵守规则的基础上，不能教孩子向错误的行为谦让。何况，如果贝贝让给了川川，川川也会觉得他的无赖行为是正确的。我们不能这样教育孩子。"

很多家长都和贝贝妈一样，可能并不懂谦让的内在含义，只是喜欢一味地要求自家孩子谦让别人。甚至明知道自己的孩子不应该退让，但碍于面子，好像不叫自己的孩子谦让就说不过去。他们常对孩子说："你比他大，你看他都哭了，你让出来吧。"然后孩子很自然地认为：年龄小就受优待，下次遇到比我大的，我也可以蛮不讲理，抢人东西；谁哭了就受照顾，以后不管遇到什

么事，不满意我就哭，哭就可以受照顾……而当孩子如此这般时，他们又开始一味指责孩子不懂事，而事实上，这难道不是我们暗示给孩子的吗？

不分青红皂白地谦让会让孩子产生混乱，不利于建立规则，不利于培养孩子辨别是非的能力，还会让孩子觉得不被尊重、不公正，感到委屈和压抑。今天你强迫他退让，你传递给他的信息就是他也可以强迫别人退让。

另一方面，如果孩子的愿望总是被压制，逐渐，他就会不敢表达自己的感受了，长大成人之后，行为方面也会出现一些问题，他不敢维护自己的正当权益。

现在想想，当我们小的时候被父母强制要求谦让弟弟妹妹、谦让比自己小的邻居、谦让同学时，我们的内心感受是怎样的？儿童教育的一大顽疾，就是大人往往忽略了孩子的心内秩序，不能站在孩子的角度去考虑孩子所面对的问题，所以孩子最后出了问题。就像我们要求孩子无原则地谦让，并以此来评价孩子的品德一样，当孩子长大以后，他就会失去坚持内心对和错的原则。

08 不做"受气包"
教孩子待人和气，但别教孩子接受委屈

引导孩子学会谦让，应建立在遵守规则的基础上，而不是不由分说地谦让。

我们应该让孩子自然流露和表达他的内心感受。对日渐成长的孩子来说，没有什么是比让他体会内心感受和流露真实情感更可贵的经验了。孩子在与外界接触中淋漓尽致地展现内心，这是孩子成长必不可少的经历。

打个比方，当他和小朋友发生争抢时，不要给孩子下命令，要求他怎样做，让孩子自己做决定。在做决定的过程中，孩子的个性、他的内心世界、他的渴望和想法都会表达出来。此时，争抢物本身对他来说并不重要，重要的是，孩子敢于表达自己的真实想法。

当我们带着孩子外出时，如遇到某些场景，可以跟孩子一起探讨：这种情况到底要不要谦让？启发孩子思考判断，自己该不该谦让。

闲暇的时候，我们应该多带孩子去外面玩耍，让孩子慢慢体会人与人之间互惠互利的必要性，并耐心温和地跟孩子讲明其中的道理。当孩子做出谦让行为时，可以赞许，可以鼓励，但不要强迫孩子谦让。

有一点需要特别强调，就是不要让谦让流于形式。

很多家庭都会出现这样的情况：孩子把自己喜欢的食物给爸爸妈妈吃，但是父母心想，孩子喜欢，留给他吧，只要他明白谦让的道理就可以了。结果呢，孩子美滋滋地吃着东西，而且得到了夸奖！

于是,"谦让"变成了一种形式,并没有实现真正的教育意义。如果我们把孩子递来的食物吃了,孩子内心就会经历一次考验,慢慢明白谦让的道理,并内化为自己习惯的行为方式。